法者，尺寸也，绳墨也，规矩也，
衡石也，斗斛也，角量也，谓之法。

衡石法学文丛

法治建设与法学理论研究部级科研项目成果

互联网平台
竞争的反垄断规制

Anti-monopoly Regulation
of Internet Platform Competition

袁嘉 ◆ 著

中国政法大学出版社

2021·北京

图书在版编目（CIP）数据

互联网平台竞争的反垄断规制/袁嘉著.—北京：中国政法大学出版社，2021.7
ISBN 978-7-5620-9693-1

Ⅰ.①互…　Ⅱ.①袁…　Ⅲ.①网络经济－反垄断法－研究－中国　Ⅳ.①D922.294.4

中国版本图书馆CIP数据核字(2020)第206291号

	互联网平台竞争的反垄断规制
书　名	HULIANWANG PINGTAI JINGZHENG DE FANLONGDUAN GUIZHI
出版者	中国政法大学出版社
地　址	北京市海淀区西土城路 25 号
邮　箱	fadapress@163.com
网　址	http://www.cuplpress.com (网络实名：中国政法大学出版社)
电　话	010-58908466(第七编辑部) 010-58908334(邮购部)
承　印	固安华明印业有限公司
开　本	720mm×960mm　1/16
印　张	14
字　数	210 千字
版　次	2021 年 7 月第 1 版
印　次	2021 年 7 月第 1 次印刷
定　价	68.00 元

前 言

国内外研究现状及研究意义

一、国外研究情况

2000 年 Rochet 和 Tirole 提出双边市场理论，给平台企业竞争相关反垄断分析方法带来了极大的冲击，引发了国外学者的关注。Kucharczyk 等学者认为应当坚持原有反垄断分析框架，通过关键必要设施理论认定平台企业的市场支配地位，从而对其进行严格审查；而 Evans 和 O'Connor 等学者基于互联网平台竞争在经济学意义上的特殊性，认为应当保持监管谦抑。欧盟委员会 2015 年发布的《数字经济中竞争政策面临的挑战》和德国垄断委员会 2015 年发布的《竞争政策：数字市场的挑战》等报告均围绕数字经济时代互联网平台竞争的"赢者通吃"、网络效应和锁定效应等特点对反垄断法和竞争政策的影响展开，主要观点是相关市场界定、市场力量评估和行为竞争效果分析均遭遇很大的难题。

二、国内研究情况

国内学者亦认识到互联网平台竞争的特殊性，并基于此提出了反垄断分析的新思路和新方法，包括新双边市场理论（蒋岩波）、新单边市场理论（侯利阳）、注意力经济理论（朱理）、颠覆式创新理论（王晓茹）等，这些新理论和新方法均围绕互联网平台竞争的特点展开。部分学者针对互联网平台企业的搭售（张素伦）、独家交易（叶明、陈伟华）、掠夺性定价或免费定价（杨文明）等竞争行为进行了专项研究。但无论是双边市场、新单边市场还是颠覆式创新等理论均无法有效解决互联网平台竞争的法律规制问题，且部分学者并未认识到互联网平台企业之间存在的差异性，将其竞争效果一概而论。

三、本书研究意义

互联网平台竞争为反垄断带来了全新的观察视角和理论挑战。本书旨在探索优化传统市场界定方法与分析思路，分析总结数字经济时代典型化垄断行为，发展与数字时代互联网平台竞争相适应的理论分析框架，以期为政策制定者及执法者提供互联网平台竞争的反垄断分析框架，使监管更具合理性与有效性。

研究思路及方法

本书以"经验—理论—再实践—理论"之哲学思路展开。发达国家的互联网经济发展较早，平台型企业亦发展较快，在发达经济体中率先面临互联网平台竞争的法律规制问题。从微软（Microsoft）、谷歌（Google）、脸书（Facebook）等案例中可以看出，欧盟与美国在对待互联网平台竞争的态度上具有明显分歧，且均有一定的国别政治冲突背景。本书首先对上述案例实践进行分析、提炼，找出其背后各方经济分析理论的差异；再结合中国互联网平台发展的最新实践，尤其是大数据、人工智能、区块链等技术为中国互联网经济注入的新活力，尝试找出我国针对互联网平台竞争进行反垄断法规制的新思路和新方法；最后归纳抽象出有别于西方经济学家观察总结的新理论，并以此与国际反垄断学术界进行对话和交流。

本书研究运用文献分析法，收集与整理国内外相关专著、研究报告、论文、新闻等相关文献资料，深入研究互联网平台企业及相关经济学理论，搜集整理近年来发生的互联网平台竞争案例，挖掘并分析竞争中出现的问题，作出初步归纳总结。随后，运用实证分析法，研究、剖析国内外典型互联网平台企业及其竞争行为的差异，据此进行类型区分，并结合文献分析得出的成果，提出相应的反垄断规制方法。最后，采用比较分析法，对比美国、欧盟、德国、法国、日本等主要法域对互联网平台反垄断规制的研究成果、立法情况、司法判例等，完善相应的反垄断规制框架。

研究重点、难点与创新点

一、研究重点

本书针对主要法域为适应互联网科技发展和平台经济的特点而对反垄断立法和执法所作的修订与调整进行了深入挖掘，寻找各法域在平衡互联网产业发展和反对垄断行为出现的思路。另外，为寻找数字经济时代推动我国反垄断相关立法和优化司法实践的理论支持与实践参考，本书对主要法域的实施指南、行政审查、司法判决以及研究报告中所体现的具体执行标准进行了总结与分析。

二、研究难点

经过近二十年的发展，互联网平台企业涉及众多产品与服务，且为实现持续发展，为获取用户的注意力而展开了激烈竞争。互联网平台最为突出的双边市场与网络效应特性，对合理科学地界定平台竞争所涉及的相关市场带来了巨大挑战。本书结合三大垄断行为的特点，综合实务界与理论界已有优秀成果，推出具有针对性的界定方法，为解决相关市场界定这一"头号"问题提供建设性方案。

颠覆式创新在互联网竞争中发挥着无可替代的作用，为激烈的平台竞争带来更多动态性，使得法律适用较之实践发展产生较为明显的滞后性。报告从竞争理论、垄断行为分析框架等方面切入，力求为创新因素在反垄断法中的适用优化提供一条新思路。

三、研究创新点

互联网平台竞争逐步体现出国际化的特点，即国内平台和国外发展较好的平台在中国市场甚至是国外市场将展开激烈竞争，如何在全球化视野下和国别政治外交背景下运用反垄断法解决平台竞争问题，迄今为止较少得到关注和研究。本书结合最新形势和背景就这一新问题展开研究，从宏观层面分析互联网平台竞争带来的世界数字经济发展新趋势，为竞争政策研究与制定开辟了新的视角。

鸣谢

本书为 2018 年度国家法治与法学理论研究项目一般课题"互联网平台竞争的反垄断规制研究"成果。课题组于 2018 年成立，开展互联网平台相关竞争问题的反垄断规制研究工作，袁嘉担任课题负责人，课题组成员为邓志松、徐炎、肖瑞臻、梁博文、虢鼎锡、黄培锦、李旖雯、白琳、兰倩、辜佳慧、罗智科，这些成员在本书编辑出版过程中投入了大量时间与精力。

最后感谢各位有关领导、同事和朋友的指导、关心、支持和帮助，谨此一并表示衷心的感谢。

目　录

引　言

　　近十年来世界互联网经济蓬勃发展，一种以平台形式出现的新型互联网商业模式正在全球迅猛崛起。互联网平台通过网络效应与多边市场等特性逐渐培养出对自身具有高度黏性的用户群体，并在此基础上利用用户数据资源拓展自身业务范围。平台经济正悄然改变着传统产业的价值链，形成独具一格的生态系统，其降低了因信息不对称、不完全带来的高交易费用，拉动了传统产业的转型与升级，逐步实现网络产业与实体经济的融合，从而最终促进国民经济的发展。与此同时，随着反垄断执法的跟进，互联网平台企业逐渐暴露出新型的竞争问题，从早期的微软网景案、VISA卡案，到谷歌购物案、安卓系统案，再到近期的脸书滥用数据案、京东诉天猫二选一案以及滴滴出行与优步（Uber）中国合并案等，无不体现出互联网平台双边市场、网络效应等新特性对市场监管部门的挑战。

　　本书从介绍分析互联网平台及其内涵、特性入手，简单阐述互联网平台发展背景知识，采用创新角度以平台商业模式为依据，对现有互联网平台类型进行归纳划分，并在此基础上结合平台企业发展现状，专门设立"超级平台"章节，结合后文内容分析超级平台对于市场竞争的独特影响，结合特性、案例，吸取各国理论及实践经验，对超级平台的反垄断规制提出建设性思考。除此之外，本书对互联网平台竞争所涉及的经济学理论逐一介绍、分析，为理解平台竞争中存在的实际问题做好铺垫。随后，本书以三种垄断行为进行分类，以案例分析的方法分别介绍了近年来互联网平台竞争的典型案例，寻找传统竞争法规难以解决的新型问题，归纳案件要点、总结理论与实践难点，并最终结合问题要点，在分析国内外竞争法规、新兴学术理论的基础上，提出针对互联网平台新型竞争问题的规制建议。

第一章
互联网平台概述

第一节　互联网平台的定义和特点

一、互联网平台的定义

首先，需要从经济学、社会学和法学的角度对互联网平台进行考察，科学合理地构建互联网平台的概念，明晰其内涵和外延。

"平台"（platform）在牛津词典中的释义为"月台；站台；讲台；舞台"等某些特定人类活动的场所。在平台经济学的定义中，平台本质上是一种交易空间或者场所，可以存在于现实世界，也存在于虚拟的网络空间。[1]从某种意义上来讲，平台是经济学中"市场"概念的外化，市场也仅仅是交易的空间或具体场所，并不是产生利益的主体。[2]在市场经济的初级阶段，交易是由经营者与消费者双方自发形成的，"市场"仅作为交易空间发挥调节需求的作用。在传统经济学的理论中，假定市场这个无实体、无边际的"空间"是没有利益诉求的，因此在后续的经济学分析中，不考虑市场自身的利益。但随着社会经济的不断发展，市场的功能逐渐定

---

〔1〕　张江莉："互联网平台竞争与反垄断规制——以3Q反垄断诉讼为视角"，载《中外法学》2015年第1期。

〔2〕　徐晋：《平台经济学——平台竞争的理论与实践》，上海交通大学出版社2007年版，第2页。

型物化，此时我们逐渐将其称为"平台"。它引导或者促成双方或多方客户之间的交易，并且通过收取恰当的费用而努力吸引交易各方适用该空间或场所，最终实现收益最大化。因此有经济学学者将平台的物质具象含义定义为：出于自身利益而为交易双方提供物质、信息等交易要素的空间或场所。[1]但经济学领域对平台的定义高度抽象化，在面对经营者集中审查、滥用市场支配地位行为认定等问题时，难以为反垄断分析提供更多的操作价值。

随着数字技术与互联网技术的进步，全世界范围内的产业组织形式发生了变革，"平台"作为新的组织概念逐渐渗透到各个经济领域。在此过程中，平台与市场、企业之间的结合也愈发紧密，平台的概念也在此基础上进一步得到了深入解读。蒂瓦纳从技术角度分析平台，将平台定义为"通过运用其纪念性交互操作的应用程序及其互操作接口来共享核心功能"的基于软件的系统。[2]埃文斯认为平台是使不同类的人群互相交流而运行的一个实体的或虚拟的场地，[3]其核心业务是提供公共的（真实的或虚拟的）会面场所并促进两个特定的消费群体之间进行互动。[4]经济合作与发展组织（OECD）将互联网平台定义为在网络设施上存储、链接或传送源自第三方内容的媒介。[5]澳大利亚竞争和消费者委员会（ACCC）将数字平台（互联网平台）视为基于平台上用户的存在而对每个用户产生价值并能以此服务多个用户组的应用程序。[6]德国联邦卡特尔局将提供允许两个

〔1〕 徐晋：《平台经济学——平台竞争的理论与实践》，上海交通大学出版社2007年版，第3页。
〔2〕 [美]阿姆瑞特·蒂瓦纳：《平台生态系统 架构策划、治理与策略》，侯赟慧、赵驰译，北京大学出版社2018年版，第7页。
〔3〕 [美]戴维·S.埃文斯："多边平台、动态竞争与互联网企业的市场势力评估"，时建中译，载时建中、张艳华主编：《互联网产业的反垄断法与经济学》，法律出版社2018年版，第5页。
〔4〕 [美]戴维·S.埃文斯、理查德·施默兰："双边平台市场"，时建中译，载时建中、张艳华主编：《互联网产业的反垄断法与经济学》，法律出版社2018年版，第20页。
〔5〕 Organization for Economic Co-Operation and Development, *The Economic and Social Role of Internet Intermediaries*, 2010, p.9.
〔6〕 ACCC, *Digital Platforms Inquiry*, 2019, p.41.

或多个不同的用户通过间接网络效应联系起来并直接交互的中介服务的企业视为"竞争法术语中的平台"。[1]

综合学界观点与互联网平台竞争的特性，本书认为，在互联网经济背景下，平台是以多边市场、网络效应为核心特征，聚集多边参与者，引导、促成交易双方或多方完成商品或服务交易并收取一定费用，或以吸引用户为手段并为其带来价值的应用程序或企业实体。在该定义下，平台为多边用户实现直接交互，区别于只在单边用户群体内提供交互的"网络"。[2]

二、互联网平台的特点

基于与传统平台企业的比较，本书发现互联网技术的发展影响和改变着互联网平台企业的商业模式。互联网平台有如下特点。

（一）平台的多端性

最典型的例子就是"双边市场"或者"多边市场"，这种市场不同于工业经济时代企业作为供给方和用户作为需求方所构成的单边市场，该市场是由平台提供服务，两类或者多类用户通过平台实现交换。例如，百度作为一种搜索引擎平台，能够连接不同的用户、广告商等。同时，互联网平台通过各端市场价格弹性的差异，对接入平台的各端采取不同的定价策略：在价格弹性低，用户对价格敏感的市场端采取低价甚至免费的定价策略，而在价格弹性高的市场端，采取收费的定价策略以保证平台的经济收益。

（二）平台的多维性

多维性主要指平台产品的丰富性。平台连接的不仅是多端客户，还涉

---

[1] German Bundeskartellamt, *Working Paper: the Market Power of Platforms and Network Executive Summary*, 2016.

[2] 在德国联邦卡特尔局的定义中，将提供多边用户群体间直接交互的主体视为平台，而单边用户群体之内交互所形成的主体视为网络。

及一系列的产品。例如，奇虎360不只杀毒软件这一款产品，还有浏览器、搜索引擎等。在平台经营中，用户越多，平台推广新产品的难度越低；产品越丰富，用户也会越多，从而平台价值会越高。这样一种良性循环，会形成所谓的"交叉网络效应"。并且随着大数据、云计算、人工智能等新兴信息技术以及与之相配套的硬件技术的匹配度逐渐提升，平台不断对线上线下的资源进行整合，通过多样的数字产品、服务建立起基于该平台而衍生出的生态系统，进一步巩固了其市场力量。

（三）平台的竞争动态性

在持续的功能改进、革新与颠覆式的互联网技术创新或商业模式创新出现之前，在位平台很难保证一直对消费者具有吸引力。已获得领先地位的在位竞争者若不能保持在平台竞争中的优势，便很容易下滑甚至失败，而新进入者通过获得用户注意力的方式能够实现迅速崛起，移动应用的出现使更多的新进入者加入注意力竞争的行列中来，使得互联网平台行业的市场结构经常出现大的改变。[1]中国"BAT"互联网巨头中的百度（"BAT"中的"B"）在移动端时代到来后的市场份额变化、"今日头条"等互联网平台企业的异军突起，很好地显示了互联网平台竞争动态性的特征。

第二节　互联网平台的发展阶段

一、PC操作系统、浏览器时代

在个人电脑（PC）在市场出现的早期，全球对于互联网的认识尚处于萌芽阶段，市场竞争集中于信息技术领域，比如PC制造、操作系统开发等。1989年蒂姆·伯纳斯·李（Tim Berners-Lee）爵士提出"万维网"设

---

〔1〕［美］戴维·S.埃文斯："多边平台、动态竞争与互联网企业的市场势力评估"，时建中译，载时建中、张艳华主编：《互联网产业的反垄断法与经济学》，法律出版社2018年版，第7页。

想后，电子计算机开发厂商与操作系统开发厂商并未认识到互联网在日后能够带来巨额的经济效益，直到1995年美国网景公司（Netscape Communications Corporation）开发出网景浏览器，让当时占据全球电脑操作系统90%市场份额的微软公司意识到：未来信息技术竞争的重点在于互联网，至此网络浏览器间的用户争夺成为彼时信息技术领域最热的焦点。微软公司为占据互联网入口，以捆绑销售的形式将IE浏览器与Windows操作系统打包出售，同时给予Windows用户免费使用IE浏览器的优惠，依靠其操作系统端的强大市场力量，令以赚取浏览器产品费用的网景公司瞬间失去巨大的市场份额，最终击垮了网景公司，并将其在互联网入口端（浏览器）的优势一直延续至今。

在互联网发展初期，受制于硬件技术、信息同步、聚合、迁移以及互联网基础协议标准限制，用户接入互联网的手段比较单一：通过互联网浏览器获取信息。在互联网信息交互行为中，以"只读""单向"为特征进行门户类网站之间的竞争。以我国为例，搜狐、新浪、网易在"Web1.0"时代以建立门户网站的形式获得了极大的网民用户数，在21世纪初期我国的互联网企业竞争中占得先机。而以门户网站为中心所搭建的新闻、邮箱、广告等应用体系，是互联网平台早期典型的表现形式。

二、移动端，以应用占据流量为主的时代

随着网络通信技术的提升，互联网经济的发展模式呈现多样化态势，逐渐细分出"Web2.0"下的移动互联网、搜索引擎、社交网络等互联网分支行业以及企业，比如在这一时期开始崛起的智能手机操作系统的龙头企业苹果公司，以搜索引擎业务为起点的巨头谷歌、必应（Bing）、百度等，新兴的社交网络平台企业脸书、推特（Twitter）、新浪微博等，以及电子商务平台巨头易贝（e-Bay）、亚马逊（Amazon）、阿里巴巴等。受互联网行业网络效应、动态竞争等特征的影响，互联网竞争逐渐出现规模化、

平台化趋势。

伴随着第三代移动通信技术（3G 技术）、第四代移动通信技术（4G 技术）以及智能移动终端技术的发展，互联网经济发展的着眼点逐渐由 PC 端转向移动端。约自 2010 年第二季度起，全球范围智能手机用户数在全体手机用户中的比重开始稳步提升，到 2013 年第四季度，已达到 30%。[1]以智能手机应用（App）为载体的互联网平台公司开始井喷式涌现，并展开以前期抢占市场份额、后期争夺用户数为特征的市场竞争。争夺用户群体、以平台 App 占据用户通信流量的时代已经到来。

三、大数据、人工智能、物联网、区块链时代

2017 年，在人工智能、大数据、云计算等新一代信息技术的推动下，以平台经济、共享经济为代表的互联网经济相关产业迈入了新阶段。[2]以中国互联网经济发展为例，互联网平台行业市场集中度极速提升，进入寡头竞争状态，阿里巴巴与腾讯在互联网企业中的营收占比已接近九成；[3]互联网分支行业的竞争也逐渐进入白热化，如网络短视频媒体平台中，抖音短视频、快手短视频、火山小视频、腾讯微视等平台 App 竞争激烈；第三方移动支付平台中，支付宝、微信支付与苹果支付（Apple Pay）、华为支付（Huawei Pay）等其他一众移动支付平台分享市场。

在互联网平台发展新时期，新一代信息技术成为推动互联网平台竞争革新的关键：海量数据采集、存储、加工、分析的大数据技术兴起，融合云计算技术，逐步提升平台经营者预测消费者消费行为的能力；同时在数据科学与人工智能的结合下，互联网平台企业逐步提升为用户提供个性

---

〔1〕 Mary Meeker, *Internet Trends* (2014), KPCB, 2014.

〔2〕 "《中国互联网经济发展报告（2018）》：中国互联网经济发展呈现四大特征"，载 http://www.ce.cn/cysc/zljd/qwfb/201901/13/t20190113_ 31247038. shtml，最后访问日期：2019 年 11 月 12 日。

〔3〕 孙宝文、李涛主编：《互联网经济蓝皮书：中国互联网经济发展报告（2018）》，社会科学文献出版社 2018 年版，第 15 页。

化、精确化、智能化服务的能力；[1]以"去中心化""激励机制"为特征的区块链技术，在票据透明化、电子存证、食品供应链、跨境支付、电子政务等领域取得一系列成果，特别是基于该技术而产生的"比特币""以太坊"等一系列加密数字货币，正使互联网平台企业逐步认识到区块链背后潜在的经济价值，已有平台企业开始着手设计自己的数字货币，如脸书在近期推出的"Libra"项目等。

"智能"与"融合"将成为互联网发展新时期的核心特征，利用互联网软件与硬件技术的融合，精准满足真实世界中真实个体的需求、实现虚拟与现实的无缝对接智能化服务。[2]在硬件端力求实现"全维感知""自然交互"，实现与提供交互智能服务的互联网产品、服务的融合，以"互联网+"的形式引领互联网平台业务的发展方向。

第三节　互联网平台的分类

基于对平台运行模式、功能属性、用户选择等因素的不同侧重，学界对于互联网平台的分类方式迥异，主要有以下几种分类方式。

部分学者以平台双边市场特性为基础，将互联网平台划分为"交易型"与"非交易型"两类。[3]交易型平台的特点是双边用户间存在"可观测"的交易行为，同时平台可以收取交易双方利用该平台的"预订费"以及成功进行交易后的抽成等收益，实现平台盈利，此类平台以电子商务平台为典型代表；非交易型平台中的两方用户间不存在直接的交易行为或其交易行为不发生在平台"可观测"的范围内，平台不能通过两方的交易

---

〔1〕　参见中国互联网络信息中心（CNNIC）于 2019 年 2 月发布的《中国互联网络发展状况统计报告》。

〔2〕　参见中国信通院（CAICT）发布的《互联网发展趋势报告（2017—2018 年）》。

〔3〕　孙晋、钟瑛嫦："互联网平台型产业相关产品市场界定新解"，载《现代法学》2015 年第 6 期。

行为获益，此类平台以搜索引擎为典型代表。以平台各方间是否存在"可观测"交易行为作为分类标准，能够对平台作出周延的划分，但是该分类在进行竞争行为相关市场界定时，依旧要着眼于以价格为基点的替代性分析，特别是非交易型平台免费端难以适用假定垄断者测试法（SSNIP 测试法）的障碍依旧无法突破。

另有学者提出，反垄断分析对市场主体（主要是消费者）的自由选择权更为注重，选择权的行使程度与垄断程度也具有负相关性，因此可依据用户选择权行使的自由度（平台用户锁定能力）将互联网平台分为"用户依赖型"与"用户自主型"。[1]但本书认为，"依赖型"与"自主型"之间的评判尺度尚难确定，在此尚且不论基于互联网平台竞争极具动态性而言，用户黏性会因平台产品、服务的不断更新而出现改变，用户的自主选择权亦随之发生变化，降低了反垄断分析的确定性；另外，互联网平台的用户多栖属性也会削弱用户锁定效应，在反垄断分析评估平台市场力量时，也必须加以考虑。

以平台用户双方接触、谈判从而达成交易的直接性为标准，有学者还提出了"匹配型平台"与"注意力平台"的分类方法。[2]匹配型平台以促成平台双方交易的直接接触与谈判，最终达成交易或实现其他目标为目的。注意力平台通过保持或增加平台自身的注意力，使得其平台中一方的用户群体能够注意到其他方用户群体。匹配型平台的运营功能较为统一，即为一方用户群体找到交易相对方为目的，如电商平台等。由于平台用户需求的一致性，此类平台的交叉间接网络效应极强，从而使平台、用户之间的关系趋于一体化，降低了界定相关市场的难度。然而注意力平台中用户群体的需求较为多元化，其间接网络效应往往是单向的。以搜索引擎为

---

〔1〕 朱战威："互联网平台的动态竞争及其规制新思路"，载《安徽大学学报（哲学社会科学版）》2016 年第 4 期。

〔2〕 BKartA，Arbeitspapier-Marktmacht von Plattformen und Netzwerken，B6-113/15，Juni 2016，S. 22ff.

例，搜索服务用户一般无接受广告的需求，即并无谋求与广告商进行交易的需求，而搜索引擎以广告获取利益，同时广告商依赖搜索引擎之下的搜索服务用户群体，进而搜索引擎需不断在搜索服务端提升自身"注意力"以增加或保持搜索服务用户数，从而获取更多广告商投入，最终实现平台利润的增长。针对"注意力平台"进行反垄断分析时，要注意区分平台各边的用户群体。

另外学界还存在"信息获取型""交流沟通型""网络娱乐型""商务交易型"[1]分类，"市场制造者""观众制造者""需求协调者"[2]等意见，不再赘述。

在互联网平台经济发展模式逐渐成熟的背景下，本书采取以平台商业模式同平台产品、服务功能为着眼点的分类依据，对现有典型互联网平台类型进行归纳。基于模式与功能的分类标准，有助于深化对平台的认识，能够使反垄断分析的范围更具针对性。采取较为具体的分类方式，在应对平台追求范围经济的趋势下，有利于统一对互联网企业特定业务平台进行反垄断分析的标准。

一、网络零售平台

网络零售，也称网络购物，是指交易双方以互联网为媒介进行的商品交易活动，即通过互联网进行的信息的组织和传递，实现了有形商品和无形商品所有权的转移或服务的消费。主要包括 B2C 和 C2C 两种形式。

相比传统的零售店和购物中心，网络零售由新的、效率更高的平台代替了旧的、效率更低的平台，因此发展极为迅猛。2018 年，我国网上零售额突破 9 万亿元，其中实物商品网上零售额 7 万亿元，同比增长 25.4%，

---

〔1〕 蒋岩波："互联网产业中相关市场界定的司法困境与出路——基于双边市场条件"，载《法学家》2012 年第 6 期。

〔2〕 Evans，"The Antitrust Economics of Multi-Sided Platform Markets"，*Yale Journal on Regulation*，Vol. 9，2004.

对社会消费品零售总额增长的贡献率达到 45.2%，较上年提升 7.3 个百分点。[1] 早期的零售行业的主要平台为天猫、亚马逊等综合性网络零售平台：天猫原为阿里巴巴旗下的淘宝商城，于 2012 年 1 月更名为"天猫"，是淘宝网全新打造的 B2C 零售平台，其整合数万家品牌商、生产商，搭建起商家与消费者之间的直接沟通桥梁，其发起的"双 11 购物狂欢节"创造了世界零售史上的奇迹。2019 年 11 月 11 日，天猫当日成交额达 2684 亿元。[2] 天猫为商家与消费者提供了一站式解决消费需求的方案。亚马逊公司成立于 1995 年，是美国最大的网络电商公司，是全球最早开展电子商务业务的公司之一，其业务范围从最早的网络书籍销售拓展到了现在的各式各类商品。亚马逊公司已成为全球第二大互联网企业，其依靠优质的商品、卓越的物流，具备了广大的全球用户群体，英国 WPP 集团旗下调研公司凯度（Kantar）发布的 2020 年"BrandZ 全球品牌 100 强排行榜"显示，亚马逊公司位居榜首。[3]

随着服务的升级，网络零售的功能逐渐细化，也产生了相应的平台。譬如，以拼多多、云集、小红书等为代表的社交电商。拼多多成立于 2015 年 9 月，是一家专注于提供 C2B 拼团服务的第三方电商平台，其最突出的特点是"社交性"，即用户以发起和朋友、家人等多人的"拼团"来实现某一商品价格的降低，从而以低价获得优质商品。其"沟通分享"的新型购物社交理念，为电子商务发展提供了新的模式。小红书平台以用户文字、图片、视频笔记等分享商品、服务信息的方式，记录美好生活。其"社交性"与其他平台不同，以建立"社区"、分享用户生活的方式进行商

〔1〕"商务部：2018 年网络零售市场规模持续扩大"，载 http://www.cs.com.cn/xwzx/hg/201902/t20190221_ 5925357. html，最后访问日期：2019 年 11 月 12 日。

〔2〕"2019 双十一成交额'成绩单'公布——2684 亿！"，载 https://china. huanqiu. com/article/9CaKrnKnJpW，最后访问日期：2019 年 11 月 12 日。

〔3〕BrandZ™ Top 100 Most Valuable Global Ranking reveals growing power and influence of technology, 载 https://www. kantar. com/company-news/brandz-top-100-most-valuable-globle-ranking-reveals-growing-power-and-influence-of-technology，最后访问日期：2020 年 11 月 18 日。

品或者服务的信息分享，同时提供交易平台，以真实用户体验为起点，将商品与服务提供给用户。

跨境电商以京东全球购、天猫国际、网易考拉海购、唯品国际等为代表。数据显示，跨境电商零售进出口总额达到 1347 亿元，同比增长 50%。[1]此外，还有更具针对性的农村电商、生鲜电商、母婴电商等，极大地满足了消费者的多层次、多样化的需求。

二、搜索引擎平台

搜索引擎服务，是指服务商根据网络用户的搜索请求，利用一种互联网应用软件系统，在对相关网页进行搜索和抓取后，经过一定的处理和组织，将查询到的结果反馈给网络用户的互联网信息查询服务。典型代表包括：谷歌、雅虎、百度、搜狗等。

谷歌公司成立于 1998 年，是全球最大的搜索引擎公司。其主要业务包括互联网搜索、人工智能技术开发、云计算、广告技术、互联网产品与服务等。凯度发布的 2019 年"BrandZ 全球品牌 100 强排行榜"显示，谷歌公司位居第三。[2]雅虎是美国著名的互联网门户网站，其业务范围包括搜索引擎、电邮新闻等，业务范围遍及全球多个地区。清楚的网站提要、丰富的收录内容、精确的检索结果是雅虎的主要特点，它是搜索引擎业务的开创者。百度是全球最大的中文搜索引擎及最大的中文网站，其具有独立的搜索引擎核心技术，并且近年来在人工智能领域也处于全球领先的状态。搜索引擎作为互联网的基础应用，使用率仅次于即时通讯，是互联网第二大应用服务。截至 2018 年 12 月，我国搜索引擎用户规模达 6.81 亿，

---

〔1〕　BrandZ™ Top 100 Most Valuable Global Ranking reveals growing power and influence of technology，载 https://www.kantar.com/company-news/brandz-top-100-most-valuable-globle-ranking-reveals-growing-power-and-influence-of-technology，最后访问日期：2020 年 11 月 18 日。

〔2〕　BrandZ™ Top 100 Most Valuable Global Ranking reveals growing power and influence of technology，载 https://www.kantar.com/company-news/brandz-top-100-most-valuable-globle-ranking-reveals-growing-power-and-influence-of-technology，最后访问日期：2020 年 11 月 18 日。

使用率为 82.2%，用户规模较 2017 年底增加 4176 万，增长率为 6.5%。手机搜索用户规模达 6.54 亿，使用率为 80.0%，用户规模较 2017 年底增加 2998 万，增长率为 4.8%。[1] 得益于搜索引擎的应用，百度公司成为我国三大互联网公司之一。

三、社交网络平台

社交网络，是指通过互联网等手段进行社会交际、往来的行为。网络社交平台，是指网络信息服务提供者利用数字和网络技术等为方便人们交际、往来而提供的一个场所或一种媒介形式。由于网络社交往往具有免费的特征，且操作相对简单，因此迅速超越传统的书信、电话、短信等，成为当下最为流行的社交方式。

在我国社交网络应用服务中，腾讯系平台占据了主导地位。据统计，截至 2018 年 12 月，微信朋友圈、QQ 空间用户使用率分别为 83.4%、58.8%，新浪微博使用率为 42.3%。[2]

此外，国际上比较有影响力的还有脸书、推特等平台。脸书是美国的一个社交网络服务网站，创立于 2004 年，是当下全球最大的社交平台。截至 2019 年 10 月底，脸书的月活跃用户达 24.5 亿，该公司旗下的 Instagram、WhatsApp 以及 Facebook Messenger 应用极大地带动了全球网络人际社交的发展。推特是美国一家社交网络及微博服务网站，也是全球当下互联网访问量最大的网站之一，其要求用户发送、上传不超过 140 字符的消息及图片、视频信息的模式，被称为"微型博客"。新浪微博就是以该模式为运营蓝本的网络平台之一。

社交网络平台用户基数巨大，尤其是微信几乎覆盖所有年龄段，成为

---

〔1〕 中国互联网络信息中心（CNNIC）于 2019 年 2 月发布的《第 43 次中国互联网络发展状况统计报告》。

〔2〕 中国互联网络信息中心（CNNIC）于 2019 年 2 月发布的《第 43 次中国互联网络发展状况统计报告》。

联络、互动的重要手段。网络社交平台不仅为人们的社交带来了便利，同时也造成了一系列的问题。例如，个人信息保护、网络暴力、舆情波动等。

四、互联网媒体平台

"互联网媒体"又称"网络媒体"，指借助互联网信息传播平台，以电脑、电视机以及移动电话等为终端，以文字、声音、图像等形式来传播新闻信息的一种数字化、多媒体的传播媒介，包括新闻、短视频、网络电影、电视剧、直播等。

互联网媒体的发展经历了以新浪网、搜狐网、网易网、腾讯网等门户网站为代表的门户时代和以新浪微博和微信为代表的社交媒体时代，目前已经进入以今日头条、一点资讯为代表的智能媒体时代，其主要特征在于移动化、数据化和智能化。在移动互联时代，通过对大数据的收集和挖掘，对用户进行全方位、多层次、深度地分析，能够更好地了解用户的消费行为和潜在价值；同时利用大数据、人工智能技术形成信息的智能匹配，可以达到精准推荐的效果。

此外，网络电影、电视剧领域用户、内容、流量均向腾讯视频、爱奇艺、优酷三大平台集中，三大平台占整体网络视频用户的近九成，"马太效应"凸显。截至 2019 年 6 月，短视频用户规模达 6.48 亿，用户使用率为 78.2%，快手、抖音成为大赢家。[1]

网络直播成为新兴互联网媒体产业，用户规模达 3.97 亿，[2]斗鱼直播、虎牙直播具有领先优势。斗鱼直播是一家弹幕式直播分享网站，为用户提供视频直播和赛事直播服务，经过多轮融资，斗鱼直播成为我国市值

---

〔1〕　参见中国互联网络信息中心（CNNIC）于 2019 年 8 月发布的《第 44 次中国互联网络发展状况统计报告》。

〔2〕　中国互联网络信息中心（CNNIC）于 2019 年 2 月发布的《第 43 次中国互联网络发展状况统计报告》。

最高的网络直播平台，并于 2019 年 4 月成功在纳斯达克交易所上市；[1]虎牙直播与斗鱼直播业务相似，同属进入网络直播领域较早的网络直播平台。在短视频和网络直播领域，互联网企业巨头竞相布局，背后市场力量强大。

五、互联网金融平台

互联网金融，是指传统金融机构与互联网企业利用互联网技术和信息通信技术实现资金融通、支付、投资和信息中介服务的新型金融业务模式。大数据、云计算、人工智能等交易技术改善了互联网金融发展的基础，促使了交易方式、交易渠道的变化，节约了交易成本，提高了交易效率。网络支付、网络理财、网络借贷等互联网金融迅猛发展，涌现出以蚂蚁金服、拉卡拉等为代表的互联网金融平台。

截至 2018 年 12 月，我国购买互联网理财产品的用户规模达 1.51 亿，同比增长 17.5%，我国网络支付用户规模达 6 亿，手机网络支付用户规模达 5.83 亿，年增长率 10.7%。[2]微信支付、支付宝支付成为常见的支付手段。截至 2017 年 12 月 31 日，全国 P2P 网贷行业累计交易额保守估计约为 6.07 万亿元，其中 2017 年交易额约 2.71 万亿元，宜人贷、信而富、和信贷、拍拍贷等借贷平台纷纷上市。[3]

六、基于位置的服务（Location Based Service，LBS）模式平台

LBS 模式平台是指通过电信移动运营商的无线电通讯网络或外部定位方式获取移动终端用户的位置信息，在地理信息系统平台的支持下，为用

---

〔1〕 斗鱼直播以游戏直播为主，涵盖了娱乐、综艺、体育、户外等多种直播内容。

〔2〕 中国互联网络信息中心（CNNIC）于 2019 年 2 月发布的《第 43 次中国互联网络发展状况统计报告》。

〔3〕 "变革与契机：互联网金融五周年发展报告"，载 https://www.01caijing.com/viewer/pdf. htm？filePath=attachment/201808/00F7 549E92EC4C5. pdf，最后访问日期：2019 年 4 月 12 日。

户提供相应服务的一种增值业务。其包含两层含义：首先是确定移动设备或用户所在的地理位置；其次是提供与位置相关的各类信息服务。代表性平台包括美团外卖、"饿了么"、Takeaway、高德地图等。

　　"饿了么"是创建于 2008 年的生活服务平台，其主营业务为在线外卖、新零售、即时配送和餐饮供应链等，其创立之初致力于用新型数字科技融合本地生活服务业务，打造新型餐饮服务平台。"饿了么"在接受阿里系资本注入后，大力推进城市即时配送服务发展，旗下的"蜂鸟众包"服务平台，以"解决本地商户最后三公里的即时配送"为服务宗旨，打造了中国即时配送物流新形态。"蜂鸟众包"通过提倡众包概念，同时发展专业配送与兼职配送业务，增加社会就业岗位，推进了中国城市物流配送的转型升级。

　　由于 LBS 模式需要建立在精准的定位之上，换句话说，需要得到数字地图运营商的支持，其增值服务才能得以实现。因此，尽管增值服务平台本身具有很多用户，市场力量很强，但是由于受到地图运营商的制约，其商业模式具有较大的风险。因此，在对这类平台进行市场力量评估时，需要考量平台本身的市场势力，同时也不能忽略其背后的地图运营商的势力对于平台市场力量的影响。

　　数字地图业务也归属于 LBS 模式，高德地图是中国领先的数字地图内容、导航和位置服务解决方案提供商。拥有导航电子地图甲级测绘资质、测绘航空摄影甲级资质和互联网地图服务甲级测绘资质"三甲"资质，其优质的电子地图数据库成为公司的核心竞争力。高德公司于 2010 年成功在纳斯达克全球精选市场（NasdaqAMAP）上市，证明了网络数字地图平台的商业价值。依靠独特算法，凭借用户上传的地理位置信息，高德地图不仅能够为用户提供优质的出行导航服务，还能与其他服务平台实现合作，为用户提供餐饮、住宿、娱乐等一系列配套服务，极大地拓展了高德公司的平台生态，在价值链的各层中均拥有一定的市场地位。

七、共享经济平台

早期的共享经济，是指供需双方依托互联网共享平台，将闲置资源的提供者与需求者进行匹配，从而实现互利共赢的经济模式。这种经济模式既强调平台的撮合性，又强调资源的闲置性，包括闲置的实物、劳动力等，例如 Airbnb、摩拜单车、共享充电宝等。据统计，2018 年共享经济市场交易额为 29 420 亿元，比上年增长 41.6%；平台员工数为 598 万，比上年增长 7.5%；共享经济参与者人数约 7.6 亿人，其中提供服务者人数约 7500 万人，同比增长 7.1%。共享经济推动服务业结构优化、快速增长和消费方式转型的新动能作用日益凸显。[1]

随着互联网经济的进一步发展，出现了一大批专门为了从事共享经济而存在的实物，例如，共享单车，以及为了从事"滴滴快车"业务而专门购买的汽车，还出现了专职从事出租业务的司机。共享经济的资源闲置性特征逐渐淡化，但是平台的撮合作用仍然是其基本特征。不过，伴随着如资本、人力等要素的聚集以及新型"共享模式"发掘潜力的降低，在位互联网平台的市场地位在共享经济热潮退去后已逐渐稳固，且基于共享经济模式的特性，成型市场的进入壁垒极高，新进入者取代在位者难度较高，市场结构较为集中。

八、在线旅游服务（Online Travel Agency，OTA）平台

OTA 平台，是为旅游消费者、旅游服务提供商提供旅游产品或服务交易桥梁，并通过网上支付或者线下支付，实现旅游产品或服务营销目的的网络平台。OTA 平台的出现，将传统实体线下旅行社销售模式放到网络平台上，凭借平台集聚起的用户数，利用用户数据信息，与旅游产品、服务

---

〔1〕 "中国共享经济发展年度报告（2019）"，载 http://finance.chinanews.com/cj/2019/03-01/8768713.shtml，最后访问日期：2019 年 4 月 11 日。

商家的需求实现更全面、更广泛的对接，能够减少因信息资源匮乏带来的旅游产品、服务价格过高，质量参差不齐等问题的出现，互动式的交流平台方便了消费者对旅游相关问题的咨询与订购。

目前，在全球范围内较为有影响力的 OTA 平台有 Trip Advisor、Booking 等。Trip Advisor 是全球领先的旅游网站，主要提供来自全球旅行者的点评和建议，全面覆盖全球的酒店、景点、餐厅、航空公司，以及旅行规划和酒店、景点、餐厅预订功能。Trip Advisor 及旗下网站在全球 49 个市场设有分站，月均独立访问量达 4.15 亿，在 2018 年世界 500 强品牌排行中，名列第 469 位。[1] Booking 的业务主要集中在全球住宿预订服务商方面，其拥有 1 461 821 家住宿服务商，包括 80 万家度假屋，遍布全球 225 个国家和地区的 118 000 个目的地，致力于通过平台为消费者提供自助式住宿选择。中国市场的 OTA 平台竞争极为激烈，以携程、去哪儿网为代表的综合 OTA 平台占有较大市场份额，同时还有专业化旅游资讯、信息交流平台"马蜂窝""途牛"等，为 OTA 平台市场竞争带来了多样性。

但同时，OTA 平台的资源优势也带来许多问题，主要集中在默认搭售、霸王条款、价格歧视、交易违约率提升、个人信息泄露等方面。

---

〔1〕　参见世界品牌实验室（World Brand Lab）2018 年《世界品牌 500 强》榜单。

第二章

互联网平台竞争的经济学理论

传统工业经济中，消费者支付价款获取由企业提供的商品或服务，商品或服务的价格取决于边际成本。这种只有买卖双方参与的市场被称为单边市场。随着互联网技术的发展，互联网平台企业出现，互联网平台蓬勃发展。数字经济时代，互联网平台竞争在网络效应的作用下，表现出较传统单边市场更为复杂的特征。

第一节　双边市场和多边市场

一、双边市场和多边市场的定义

双边市场理论最早由 Rochet 和 Tirole 提出，他们认为，"在平台向需求双方索要的价格总额不变的情况下，若任何参与方面临的价格变化都会对平台总需求和交易量有直接影响，平台市场就是双边市场"。[1]之后，Armstrong 对该定义进行了改进，他提出，"某一市场中存在两个不同的群体通过平台产生联系，平台中一方群体的利益取决于平台中另一方群体的规模"。[2]上述两种对双边市场的理解，前者是从价格结构特征进行定义，

〔1〕 Rochet J&Tirole J, " Platform Competition in Two-sided Markets", *Journal of European Economic Association*, Vol. 200, No. 1. , pp. 990-1029.

〔2〕 Armstrong M, "Competition in Two-Sided Markets", Mimeo, University College London, (2004).

而后者则从交叉网络外部性的特征进行界定。我国学者黄民礼等人也从不同角度对双边市场概念进行了界定。黄民礼认为，"若某种产品或服务的供求双方之间具有交叉网络外部性而使得平台企业将买卖双方同时凝聚到一个交易平台，假定平台企业向买卖双边收取的总价格 P＝Pb+Ps（Pb、Ps 可以为零或负数，P≤0）固定，则 Pb 或 Ps 的变化对平台的总需求和平台实现的交易量有直接影响"。[1] 由上述不同学者对双边市场的界定来看，到目前为止，对双边市场的概念界定尚未达成一致。

多边市场的概念以双边市场为基础。有学者认为多边市场，是指两个及两个以上具有不同需求又相互依存的客户群体通过"平台特定投资"的方式在平台上进行关联或交易，从而产生互补性价值的催化，实现依附于平台之上的价值创造。[2] 在互联网经济中，平台的每一边都可以看作是一个市场，比如搜索引擎平台面临着不收费的搜索引擎市场和收费的互联网广告市场。一些平台联系多个不同的消费群体，同时具有多边的产品和技术接口。比如，微信除了提供即时通讯服务，还链接微信支付、游戏、公众号等，形成了一个庞大的生态圈。

二、双边市场和多边市场的特征

Evans 认为双边市场的特征有三个：第一，不少于两组不同类别的消费者群组；第二，组间成员能从需求协同中增加效用，即两类消费者群组之间存在交叉网络外部性；第三，某中间人能够比群组成员更有效地促进需求协同。[3]

学界在双边市场特征上达成的基本共识在于：第一，双边市场存在两组（或两组以上的）不同用户群体，双边用户的需求具有依赖性和互

〔1〕黄民礼："双边市场与市场形态的演进"，载《首都经济贸易大学学报》2007 年第 3 期。

〔2〕叶明：《互联网经济对反垄断法的挑战及对策》，法律出版社 2019 年版，第 22 页。

〔3〕David S. Evans, "Some empirical aspects of multi-sided Platform industries", *Review of Network Economics*, pp. 191-209, (2003).

补性。[1]第二，双边市场存在交叉网络外部性。交叉网络外部性是指：一边用户参与网络平台的数量取决于参与到该网络平台上的另一边用户的数量。一边用户规模的增加会提高另一边用户参与的价值。[2]第三，双边市场一般具有定价结构非中性的特点。[3]定价结构非中性，也被称为"倾斜定价"。此外，互联网市场中用户规模庞大、用户决策分散，信息不对称特征明显，用户不能完全内部化其使用平台的行为而给另一边市场用户带来外部性效用，这种现象为平台的发展创造了机会。交易成本过高是交易双方直接解决外部性问题的阻碍。平台通过定价结构控制双边市场的交叉网络外部性和最小化交易成本，以解决外部效应，[4]并通过定价总水平反映出来。

多边市场通常具备双边市场的所有特征，由于市场的多边性，进而表现出较双边市场更为复杂的交互作用。以下主要以双边市场的特征为例进行分析。

三、对互联网平台竞争的影响

（一）用户需求的依赖性和互补性对互联网平台竞争的影响

用户需求的依赖性和互补性，使得只有双边用户都存在时，平台的产品或服务才能达到营利目的。比如网络搜索平台，只有用户一方和广告商一方都存在时，网络搜索平台才能达到营利目的。同时，上述需求特征和交叉网络外部性特征也要求平台必须解决先培育哪一边市场，从哪一边市

---

〔1〕 孟昌、翟慧元："网络产业组织中的双边市场研究：文献述评"，载《北京工商大学学报（社会科学版）》2013年第1期。

〔2〕 程贵孙：《互联网平台竞争定价与反垄断规制研究——基于双边市场理论的视角》，上海财经大学出版社2016年版，第43~44页。

〔3〕 韩伟："德国《平台与网络的市场力量》报告"，载微信公众号"数字市场竞争政策与研究"，2019年11月14日。

〔4〕 [美]戴维·S.埃文斯、理查德·施默兰："双边平台市场"，时建中译，载时建中、张艳华主编：《互联网产业的反垄断法与经济学》，法律出版社2018年版，第31页。

场获取利润的"用户培育问题"，[1]这是双边市场十分典型的"鸡生蛋还是蛋生鸡"的问题。例如，Youtube刚起步时，就面临着因没有用户浏览网页，导致没有用户有动力上传视频，也由于没有用户上传视频，因此处于不能吸引用户浏览网页的尴尬处境。[2]

（二）定价结构非中性对互联网平台竞争的影响

互联网行业具有高固定成本和低边际成本的成本结构，平台企业双边市场用户需求具有依赖性、互补性、交叉网络外部性的特征，传统的依照边际成本定价会使平台企业无法实现盈利。因此，双边市场多采取倾斜定价的做法，使双边市场的价格结构呈现非中性的特点。

价格结构的倾斜程度取决于双边用户间接网络外部性的大小。而价格结构的不对称性并不是传统意义上的市场垄断势力或者掠夺性定价的表现。传统经济学理论认为，交叉补贴可能会导致垄断势力的产生，但是在双边市场中，一边支付低价是享受了另一边支付高价的交叉补贴，是由价格结构不对称性造成的。[3]

具体分析，平台非中性的定价结构主要通过以下因素影响平台竞争。[4]

1. 用户需求价格弹性

平台通常对需求价格弹性大的一方采取低价，以获取用户数量；对需求弹性小的一方采取高价，以获取利润；通过交叉补贴的形式，使整体定

---

[1] 韩伟："德国《平台与网络的市场力量》报告"，载微信公众号"数字市场竞争政策与研究"，2019年11月14日。
[2] [美]戴维·S.埃文斯："多边平台、动态竞争与互联网企业的市场势力评估"，时建中译，载时建中、张艳华主编：《互联网产业的反垄断法与经济学》，法律出版社2018年版，第6页。
[3] 周万里："数字市场反垄断断法——经济学和比较法的视角"，载《中德法学论坛》2018年第1期。
[4] [美]戴维·S.埃文斯："多边平台、动态竞争与互联网企业的市场势力评估"，时建中译，载时建中、张艳华主编：《互联网产业的反垄断法与经济学》，法律出版社2018年版，第18页、第47~49页。

价能够盈利。平台的补贴模式和"零价格模式"[1]就是交叉补贴定价策略的典型。比如，互联网平台谷歌、百度、脸书等都是对消费者一方免收费用甚至给予补贴以吸引用户。近年来异军突起的拼多多，也是通过高价补贴消费者一方而迅速聚集起规模巨大的用户基础，再以此吸引商家入驻，最后通过整体的定价结构实现盈利。

2. 交叉网络外部性的强度

价格总水平在双边用户之间的分配反映了两边用户交叉网络外部性的不同强度。[2]平台一般会对交叉网络外部性更强的一边市场收取低价甚至补贴，而对另一方会收取高价。比如在网络媒体平台上，用户对广告商的交叉网络外部性比广告商对用户的交叉网络外部性要更强。

3. 用户的类别属性

用户可以分为大宗用户和套牢用户。大宗用户（比如买家）是指该用户的存在和数量规模将对另一边用户产生较强的交叉网络效应；而套牢用户是指对平台始终保持忠诚度的用户。大规模的买家市场通常会使平台对买家实行低价而对卖家收取高价。对于套牢用户，由于与平台签订了排他性协议，平台也会对其施以优惠政策。

表面上，双边市场的非中性的定价结构，会使市场定价出现高于边际成本的垄断定价和低于边际成本的掠夺性定价的特征。而实质上，平台的定价结构是为了获取整体性的回报，对任意一边市场定价的改变会影响到另一边市场的交易量，并进而影响到市场交易总量。所以，低于或高于边际成本的定价并非一定存在反竞争影响。[3]比如，谷歌、百度等互联网搜索引擎向用户提供"零价格"的搜索服务，而向中小企业收取比较高的关

---

〔1〕 The European Consumer Organization, *Shaping Competition Policy in the Era of Digitalisation Response to Public Consultation*, 2018, p. 4.

〔2〕 吴汉洪、孟剑："双边市场理论与应用述评"，载《中国人民大学学报》2014 年第 2 期。

〔3〕 OECD："双边市场"，张素伦译，载韩伟主编：《OECD 竞争政策圆桌论坛报告选译》，法律出版社 2015 年版，第 252~258 页。

键词排名等费用的行为，并不存在反竞争的影响。

第二节　网络效应

互联网产业中，网络效应是影响平台企业发展的重要因素。网络效应使产品或服务带给用户的价值大小，不仅取决于该产品或者服务自身的价值，而且取决于该产品的用户规模大小和产品、服务兼容等情况。往往规模大的平台容易吸引更多的用户，进而形成正反馈机制，实现规模营利。[1]

一、网络效应的定义

当网络的价值不仅取决于它所提供的服务，而且还取决于连接到该网络的用户数量时，就会存在网络效应。[2]网络效应的概念源于"梅特卡夫定律"。该定律是指：网络可能连接的数量随着用户数量的增加而呈平方次的增加，并且可能存在的交易数量也在不断地增加。[3]一般而言，当一种产品的价值随着用户数量的增长而不断增加时，我们就认为出现了网络效应。[4]

二、网络效应的分类

（一）直接网络效应与间接网络效应

直接网络效应是指用户使用某项服务或产品所获得的价值直接取决于

---

〔1〕 叶明：《互联网经济对反垄断法的挑战及对策》，法律出版社 2019 年版，第 20 页。

〔2〕 ［美］丹尼尔·F. 史普博、克里斯托弗·S. 尤："反垄断、互联网及网络经济学"，时建中译，载时建中、张艳华主编：《互联网产业的反垄断法与经济学》，法律出版社 2018 年版，第441 页。

〔3〕 毛丰付：《标准竞争与竞争政策——以 ICT 产业为例》，上海三联书店 2007 年版，第100 页。

〔4〕 韩伟、曾雄："OECD《数字经济》调研报告介评"，载韩伟主编：《数字市场竞争政策研究》，法律出版社 2017 年版，第 5 页。

该服务或产品的用户数量，[1]即当某一种产品的用户彼此互动，同时，越来越多的用户使得产品变得更有用和更有价值。[2]这是由消费者需求相互依赖而产生的边际收益递增现象。例如，新的即时通讯用户的加入不仅会使新加入用户的效用提高，也为原有用户提供了更多的选择。间接网络效应[3]是指用户所获取的服务或产品价值取决于另一边用户的数量。换言之，当一种产品的高使用率吸引另一个群体时，结果使得该产品的初始使用者获得间接收益。[4]例如，社交网络平台市场的间接效应，就体现在消费者用户越多，对广告商的价值越大。

（二）正网络效应和负网络效应

正、负网络效应既存在于直接网络效应中，也存在于间接网络效应中。在直接网络效应的概念中，如果用户使用某项服务所获得的价值随着该边用户数量的增加而增加（或减少）时，可以称之为存在正（负）直接网络效应。在间接网络效应的概念中，用户所获取的服务或产品价值随另一边用户的数量增加而增加（或减少）时，可以称之为存在正（负）间接网络效应。

三、对互联网平台竞争的影响

（一）直接网络效应有利于推动规模经济的形成

经济学中所指的"规模经济"通常是指供给方规模经济，由生产方的

---

[1] 韩春霖："反垄断审查中数据聚集的竞争影响评估——以微软并购领英案为例"，载《财经问题研究》2018 年第 6 期。

[2] 韩伟、曾雄："OECD《数字经济》调研报告介评"，载韩伟主编：《数字市场竞争政策研究》，法律出版社 2017 年版，第 6 页。

[3] 韩伟："德国《平台与网络的市场力量》报告"，载微信公众号"数字市场竞争政策与研究"，2019 年 11 月 14 日。

[4] 韩伟、曾雄："OECD《数字经济》调研报告介评"，载韩伟主编：《数字市场竞争政策研究》，法律出版社 2017 年版，第 6 页。

产量增加导致成本降低而形成。[1]互联网平台具有高固定成本和低边际成本的成本结构，平台上的用户越多，会使平台交易量越大，进而使得总平均成本越低、收益越高。

直接网络效应会导致双边市场中的某一边市场（需求边市场）用户数量的不断增长，形成需求侧的规模经济。规模经济与间接网络效应也存在一定联系，双边市场所形成的规模效应会促进间接网络效应，进而实现互联网平台固有的自我增强的正反馈循环。对于采取"先入为主"战略发展起来的平台，它们拥有规模巨大的用户基础和供应商资源，在平台双边市场相互作用下滚雪球式的发展，会使平台不断扩大整体规模。

规模经济会导致市场出现高集中度，诱发市场结构倾斜的风险，也容易导致市场垄断。从市场竞争活动来看，规模经济可能抬高市场进入壁垒、增加用户转换成本以及增强用户锁定效应。

一方面，构成"市场进入壁垒"并不需要能够永远阻止新的经营者进入市场，有时，仅仅是延缓经营者进入市场也是足够的。[2]潜在用户更倾向于市场占有量大、用户基数多或未来可能成为标准的平台产品，即便其并非市场中性能最优的产品，但其依然会成为潜在用户的首选。而潜在的市场竞争者想要与形成规模经济的在位者竞争时，其提供的新的产品和服务必须要具有比现有产品或服务更大的效用，或者需要付出极大的营销成本，才可能从已有市场上抢夺用户资源，以进入市场，形成一定程度的用户规模，甚至在竞争中胜出。

另一方面，规模经济可能会使用户的转换成本增加，进而增强用户锁定效应。具备规模经济的企业聚集了市场上绝大部分的用户和资源，用户一旦决定转而使用新的产品，不仅会存在一定的硬件成本和学习成本，还

---

〔1〕 冯华、陈亚琦："平台商业模式创新研究——基于互联网环境下的时空契合分析"，载《中国工业经济》2016 年第 3 期。

〔2〕 OECD："进入壁垒"，宋迎译，载韩伟主编：《OECD 竞争政策圆桌论坛报告选译》，法律出版社 2015 年版，第 258~261 页。

会导致机会成本的减损。以电商平台为例，商家倾向于在已形成规模经济的平台上开展经营活动，平台的规模经济越明显，商家就容易获得更多的销量，积累越多的历史数据，一旦转换平台，商家将损失这些历史信息，也将失去在该平台市场内的优势地位。

（二）间接网络效应有利于促进范围经济形成

1. 范围经济的定义

"范围经济"概念最早由 Panzar 提出，他从产业经济学的角度指出，范围经济是当一个企业从专门生产一种产品或经营一种劳务转为生产两种或两种以上产品或经营多种劳务而使平均成本下降的一种经济现象。[1]不同的学者对于范围经济的定义有所不同，但学术界对范围经济的内涵已基本达成共识：第一，企业必须生产经营两种或两种以上的产品；第二，产品的单位成本由此而降低。[2]由此可以看出，范围经济反映了产品的种类与成本之间的关系。

2. 间接网络效应有利于促进范围经济的形成

互联网平台通过使用大数据分析用户各方面信息，预测用户偏好。多边市场的用户之间需求的依赖性和互补性，使具有不同偏好的用户与其他边的供应商之间相互吸引、相互联动，并由此使得平台中因用户偏好衍生出的补足品（区别于经济学中的互补品）增加，平台以及平台产品的价值也会越大。同时，使用补足品的用户越多，也会促进供应商生产更多的补足品，推出更多的产品组合，推动间接网络效应的良性循环。[3]因此，有学者提出，平台所连接的不仅仅是不同端的客户，还连接着一系列

---

〔1〕 John C Panzar & Robert D. Willing, "Economies of Scale in Multi-Output Production", *The Quarterly Journal of Economics*, 1977, pp. 481-493.

〔2〕 田苗苗："范围经济研究述评"，载《市场论坛》2009 年第 3 期。

〔3〕 张江莉："互联网平台竞争与反垄断规制 以 3Q 反垄断诉讼为视角"，载《中外法学》2015 年第 1 期。

产品。[1]也有韩国学者将平台比作"八音盒",用以描述在有共享部分基础配置之上的不同产品组合。[2]这些观点实质上都体现了间接网络效应作用下形成的范围经济。以 QQ 为例,QQ 从单一的即时通讯软件逐步演变为能够连接不同的用户、广告商、游戏商等的综合性通讯软件,其产品组合包括游戏、宠物、音乐、视频、购物等。

3. 范围经济对互联网平台竞争的影响

首先,范围经济存在资源共享的特点,有利于降低交易成本,扩大交叉补贴的实现范围。范围经济使补足品可以在核心产品建立的市场范围内进行推广,降低了单个补足品的交易成本。成本优势的上升使互联网平台在竞争中处于优势地位。同时,补足品市场的出现扩大了交叉补贴的运作范围,产品和盈利来源的多样化也增强了互联网平台抵抗市场风险的能力。但是,这也导致平台间的竞争不仅会出现在核心产品市场中,也会出现在补足品市场中,使平台面临更多市场的激烈竞争。以"3Q 大战"为例,奇虎和腾讯的打击手段中既有影响对方核心产品的行为,也有破坏对方的补足品的行为。对任何一边市场运作机制的破坏,都可能使企业交叉补贴的营利机制无法正常运转。

其次,范围经济有利于形成差异化竞争优势,可以将互联网平台与其竞争对手区别开来,以吸引更多的用户,增强市场竞争力。[3]规模用户使企业面临数量庞大又各不相同的用户需求,平台提供多样化的补足品以满足用户的不同偏好,有利于形成差异化优势,有助于平台在市场竞争中脱颖而出,同时,也有助于增强用户黏性,提高用户忠诚度。

最后,对范围经济效应的追求有利于促进平台创新。为了获得范围经

---

〔1〕 张江莉:"互联网平台竞争与反垄断规制——以 3Q 反垄断诉讼为视角",载《中外法学》2015 年第 1 期。

〔2〕 [韩]赵镛浩:《平台战争———移动互联时代企业的终极 PK》,吴苏梦译,北京大学出版社 2012 年版,第 1 页、第 13 页。

〔3〕 姜奇平:"移动互联网的竞争战略选择题",载《互联网周刊》2010 年第 16 期。

济优势，互联网平台企业会提供更加多样化的补足品。这种建立在原有核心产品和用户规模基础之上的补足品创新，拥有天然的创新优势和未来市场。核心产品收集的用户数据为研究开发补足品和相关服务提供导向，缩短创新周期、降低研发投入，平台加大对补足品的创新会有良好的回报预期。此外，平台不仅通过自身研发提供补足品，也选择通过第三方供应商提供补足品以满足用户的不同偏好。互联网平台企业倾向于选择在非核心领域，吸引供应商在平台上提供新的补足品，这是对传统组织自主创新的颠覆和替代。[1]比如，2009 年脸书开放部分核心应用程序接口（API）给第三方，用于开发各种新应用功能。第三方将有权访问用户在脸书上发布的各项内容，包括即时更新的照片、视频等，并在此基础上开发新的应用和服务，以提升服务的多样性、互补性和整体性，满足用户多元化、个性化的需求。这种通过第三方供应商进行补足品创新的方式，使创新活动在平台上聚集，创新资源在平台上整合，创新的协同效应、外溢效应和范围经济更显著，资源配置也更高效。补足品创新源源不断，使整个平台的创造活力得以激发。[2]

范围经济也会对平台发展带来一定的负面影响。一方面，范围经济的出现意味着平台产品和服务种类的增多，当产品和服务之间的相关性逐渐减小时，平台所有者对第三方供应商或者应用程序开发者之间的协调成本会增加。另一方面，如果不能形成互利共生的组织系统，即便拥有形成范围经济的先决条件，成员之间的恶性竞争和短期行为也将会破坏平台的生态系统。[3]

---

〔1〕 刘家明、柳发根："平台型创新：概念、机理与挑战应对"，载《中国流通经济》2019 第 10 期。

〔2〕 刘家明、柳发根："平台型创新：概念、机理与挑战应对"，载《中国流通经济》2019 第 10 期。

〔3〕 李鹏、胡汉辉："企业到平台生态系统的跃迁：机理与路径"，载《科技进步与对策》2016 年第 10 期。

4. 范围经济推动平台生态系统的形成

1993 年，Moore 首次提出"生态系统"的概念。"生态系统"是指消费者、生产者以及其他所有利益相关者构成了互利共生的关系。[1]之后，他又从系统的角度思考竞争的内涵，主张打破以自我为竞争主体的思维定势，构建顾客、市场、产品或服务、经营过程、组织、利益相关者、社会价值和政府政策等八个维度的系统成员，以合作演化为主要机制建立成功的商业生态系统。[2]而平台生态系统恰恰体现了商业生态系统的部分特征。

范围经济是促使平台生态系统形成的因素之一。范围经济带来的竞争优势是企业实行多样化经营的主要理由。而平台企业实行多样化经营的方式，即开放应用程序接口，供第三方供应商提供补足品和服务，推动了平台生态系统的形成。平台中应用程序开发者和用户成员越多，联系越紧密，也越有利于生态系统的形成。[3]

数字经济时代，互联网平台间的竞争已经从产品与服务之间的竞争演变为平台生态系统之间的竞争。以苹果 iOS 系统为例，它周围的生态系统包括苹果手机、苹果音乐播放器和 iPad 等。对于苹果公司的竞争对手而言，其需要应对的不是苹果 iOS 系统，而是苹果公司形成的整个生态系统。[4]

5. 平台生态系统的出现对竞争的影响

首先，长尾市场[5]将在平台所有者不直接参与的情况下得以开发利

---

〔1〕　崔鹏："大数据背景下基于数据资产的平台生态系统构建"，载《经营与管理》2019 年第 6 期。

〔2〕　李震、王新新："互联网商务平台生态系统构建对顾客选择模式影响研究"，载《上海财经大学学报》2016 年第 4 期。

〔3〕　邵鹏、胡平："电子商务平台商业模式创新与演变的案例研究"，载《科研与管理》2016 年第 7 期。

〔4〕　[美] 阿姆瑞特·蒂瓦纳：《平台生态系统：架构策划、治理与策略》，侯赟慧、赵驰译，北京大学出版社 2018 年版，第 5 页。

〔5〕　李宁、韦颜秋、王梦楠：" '互联网+' 背景下商业银行拓展长尾市场的探讨"，载《南方金融》2016 年第 12 期。

用。应用程序开发者可能基于小众市场有利可图而加入生态系统。因此，除了大众市场的用户需求得以满足，利基市场〔1〕的用户需求也将通过大量的补足品的混合和匹配使用得到满足，并且，范围经济影响下的"一站式"购物在平台生态系统中依然存在，因而，用户也不需要承担过高的搜索和交易成本。与此相伴随的积极影响在于平台产品和服务的兼容性将会使用户锁定效应在平台生态系统中表现得更为明显。

其次，平台生态系统的创新力量将远胜单一平台企业。一方面，应用程序开发者处于生态链下游，更贴近市场，更容易把握用户的需求，能创造出更符合用户偏好的产品和服务，对于产品和服务竞争力的提升大有裨益。另一方面，平台所有者通过开放 API 为第三方供应商提供补足品的行为，将带来多方面的效益。借助多元化应用程序开发者的专业知识，发挥其独创性和技术性，激发创新意识，使应用程序开发者在追求自身利益的同时为平台带来竞争优势。此外，创新从平台企业内部发展到企业外部的庞大群体中，转移了创新的风险和成本，同时使平台企业的业务范围扩展到更多的行业，为平台包络〔2〕竞争创造优势。

最后，对于采取开放性战略的平台生态系统而言，尽管开放性战略有利于整个生态系统整体效益的提升，但是，由于技术传播的障碍较少，容易出现"搭便车"现象，也有可能导致"创新困境"。〔3〕

因此，创新主体的迁移、多样性以及衍生的"创新困境"要求平台所有者有能够协调各类创新活动的能力，力求在提高创新速度的同时也提升

---

〔1〕 利基市场，又称"缝隙市场""壁龛市场""针尖市场"，是指需求规模较小，其利益需求尚未得到多数生产者或供应商普遍重视的消费者人群所占有的市场。

〔2〕 平台包络：互联网平台的发展倾向于选择多产品策略，通过某一市场已建立起来的市场优势进行传导和延伸，在巩固现有的用户交易关系的同时，在另一市场抢占市场份额并增大平台市场的整体竞争力和用户资源，这一经营或竞争方式被称为平台包络。——引自张一武："论互联网平台竞争案件中优势传导理论的适用——以滥用市场支配地位案例研究为视角"，载《中国价格监管与反垄断》2019 年第 11 期。

〔3〕 李鹏、胡汉辉："企业到平台生态系统的跃迁：机理与路径"，载《科技进步与对策》2016 年第 10 期。

创新质量。[1]平台所有者应提升对平台生态系统的架构设计和治理能力，使平台生态系统良性运转。[2]

（三）网络效应能促进"赢者通吃"市场现象的形成

互联网产品市场中，"赢者通吃"的现象既受益于双边市场的间接网络效应，尤其是间接正网络效应，也受益于用户注意力的"马太效应"。[3][4]用户注意力的"马太效应"是指，用户规模越大，越能够吸引更多的用户，而用户规模越小的平台，越难以吸引用户。双边市场通过网络效应的自我强化，一方面扩大用户规模，另一方面在平台上提供更多的补足品，满足不同的用户需求，使用户形成路径依赖，提高用户转换成本，增强用户黏性，从而在产业市场上呈现出"赢者通吃"的趋势，由此，市场会呈现出强者越强，弱者越弱的发展态势。

第三节　动态竞争

一、动态竞争的概念

动态竞争这一概念很早就有学者提出并且将其作为分析互联网行业的工具。[5]有学者提出，广义的动态竞争包括三层含义：第一是动态竞争，指企业在越来越动态的经营环境下竞争；第二，竞争互动的动态化，即企

---

〔1〕［美］阿姆瑞特·蒂瓦纳：《平台生态系统：架构策划、治理与策略》，侯赟慧、赵驰译，北京大学出版社 2018 年版，第 61~67 页。

〔2〕［美］阿姆瑞特·蒂瓦纳：《平台生态系统：架构策划、治理与策略》，侯赟慧、赵驰译，北京大学出版社 2018 年版，第 55 页。

〔3〕钱佳、刘涛："注意力经济背后的数字鸿沟 3.0 研究"，载《新媒体研究》2018 年第 15 期。

〔4〕程贵孙：《互联网平台竞争定价与反垄断规制研究——基于双边市场理论的视角》，上海财经大学出版社 2016 年版，第 51~52 页。

〔5〕时建中："互联网市场垄断已见端倪亟须规制"，载《经济参考报》2016 年 8 月 17 日，第 6 版。

业之间多点和快速互动的趋势越来越明显，竞争对手之间的博弈、学习、模仿和创新已经导致企业竞争优势的发挥和可保持性受到威胁；第三层含义侧重于竞争动力学，是指创新与速度正逐渐替代规模而成为企业竞争优势的主要来源，因此企业需要发动不同的竞争性行为来获取优势。[1]狭义的动态竞争是指，在特定行业内，个别企业采取一系列竞争行为引起竞争对手的反应，而这些反应又会影响到原先行动的企业，由此产生的一种竞争互动的过程。[2]

二、动态竞争的特点

（一）市场进入成本低

互联网产业是极具开放性的产业。"互联网之父"温特·瑟夫（Vint Cerf）博士曾指出："互联网对社会的巨大影响以及互联网在经济上的成功在许多方面固然直接跟设计人员的设计有关。但它的独特属性使之成为改变世界的第三次浪潮：没有人拥有它，每个人都可以使用它，任何人都可以往上面添加服务，这是互联网跟之前所有媒介的区别。"[3]同时，互联网产业固定成本高和边际成本递减的成本结构和互联网产品、服务以及经营模式易被模仿的特征，使互联网市场进入门槛较低，这使得更多的企业参与平台竞争。而云计算、大数据、5G 等技术的成熟进一步降低了企业的一次性固定成本投入，企业能够通过租用计算容量等满足需求，使市场进入更为容易。

（二）跨市场竞争增多

新加入的经营者与市场既有经营者之间的互动会促使市场呈现出竞争

---

〔1〕 蓝海林：《企业战略管理》，科学出版社 2011 年版，第 109~110 页。

〔2〕 ［美］迈克尔·A. 希特等：《战略管理：竞争与全球化（概念）》，吕巍等译，机械工业出版社 2002 年版，第 194~202 页。

〔3〕 ［加］唐·泰普斯科特、［英］安东尼·D. 威廉姆斯：《维基经济学 大规模协作如何改变一切》，何帆、林季红译，中国青年出版社 2007 年版，第 275 页。

不断的特点，尤其是在互联网市场下，互联网平台企业的市场竞争具备更为明显的多点竞争、加速竞争和竞争互动的特点。[1]互联网的全球联网和可达性，使平台企业可以在多个市场间进行竞争活动，并且竞争行为的发生与消失都具有高速度的特征。经营者要在迅速展开的竞争活动中作出反应才能得以生存，才能将业务拓展到新市场，给用户提供更好的组合产品，实现价值链的整合。比如谷歌公司的业务已经从最初的搜索引擎服务扩展至浏览器（Chrome）、移动操作系统（Android）、智能家居（Nest）、电子邮箱（Gmail）等。[2]

（三）产品生命周期短，创新频率高

首先，互联网产品本身具有容易过时的特点，信息化的产品和服务以及消费者需求的即时性，导致互联网产品的生命周期短。比如，应用软件基本每年都会更新一次或者几次。其次，互联网市场中的创新成本较低，例如，抖音软件的制作成本并不高，但快速地获得了非常大的下载量和市场份额。最后，互联网市场存在寡头垄断的市场结构，"胜者全胜，输者全无"的市场反馈效应，激励企业快速创新获取竞争优势以避免被市场淘汰。平台企业快速、持续不断的创新是其获得取得优势并取得成功的关键，而失去创新性优势的产品很快会被淘汰。平台企业的创新包含技术创新和商业模式创新。比如，IE浏览器在1995年到2014年不到20年的时间内，先后发布了12个版本，每一个后发布的版本都比前面的版本在技术方面有一定程度的创新。[3]

（四）颠覆式创新增多

目前，平台市场中，渐进式创新的作用已相对减弱。在双边市场、网络效应和用户锁定效应的影响下，越来越多的企业通过颠覆式创新的方式

---

[1] 卢安文、吴晶莹、陈华："动态竞争理论的研究现状与方法述评"，载《商业经济研究》2015年第21期。

[2] Monopolkommission, *Competition policy: The challenge of digital markets*, 2016, p. 3.

[3] 叶明：《互联网经济对反垄断法的挑战及对策》，法律出版社2019年版，第33~36页。

来争夺用户资源，抢占市场份额。[1]比如，淘宝通过商业模式创新，即对买方全部免费以及"担保交易"模式，很快吸引了大规模用户资源，从而打败易趣。拼多多利用高额补贴、渠道下沉等模式，又给淘宝如日中天的地位造成了很大的威胁。抖音通过短视频产品的创新，对腾讯的微信软件造成了一定冲击和影响，这些都是颠覆式创新的典型示例。

三、对互联网平台竞争的影响

(一) 动态竞争使平台企业始终面临着竞争的压力

动态竞争使互联网平台企业获得的竞争优势只是一种短暂的态势。市场的变化频度、激进程度和侵略性提高，市场呈现出高度的不确定性，在变动不居的市场中，在位企业的优势地位并不稳固。同时，基于平台双边市场的特征，其所承受的竞争压力也是双倍的。一边市场稳定，但其他边市场可能存在着激烈的竞争。这种情形下，即便是市场中在位的优胜企业，或者是具有垄断地位的企业，也面临着巨大的竞争压力。在位企业会受到现有或潜在竞争者的制约，担心竞争者发明新产品吸引用户，使自己失去优势地位。另外，如果市场创新活动频繁，竞争激烈，即使拥有很高的市场份额，由于面临着极大的创新压力，在位企业也会不断地投资创新研发活动。[2]

(二) 颠覆式创新对于平台企业更为重要

传统市场强调创新竞争的重要性，但在数字经济时代，创新竞争具有更为重要的作用。[3]由经济学家熊彼特提出的"创造性毁灭"理论与互联

---

〔1〕 [美] 戴维·S. 埃文斯："多边平台、动态竞争与互联网企业的市场势力评估"，时建中译，载时建中、张艳华主编：《互联网产业的反垄断法与经济学》，法律出版社 2018 年版，第 3 页。

〔2〕 周万里："数字市场反垄断法——经济学和比较法的视角"，载《中德法学论坛》2018第 1 期。

〔3〕 韩伟："德国《平台与网络的市场力量》报告"，载微信公众号"数字市场竞争政策与研究"，2019 年 11 月 14 日。

网领域的动态竞争具有高度契合性，并为颠覆式创新在互联网平台竞争中的作用提供了理论支撑。颠覆式创新对旧有经济结构的破坏性作用和数字经济时代市场竞争过程的动态性相互交织，使市场由均衡状态向不均衡状态转化，体现出颠覆式创新在经济发展中所具有的破坏性及其蕴含的巨大能量。数字经济时代，中小企业有机会通过技术和商业模式的颠覆式创新改变自身竞争格局。在颠覆式创新、用户锁定效应以及网络效应的共同作用下，新进入市场的中小企业的规模将迅速扩大。

（三）市场份额重要性降低

数字经济时代，虽然互联网平台竞争呈现寡头垄断的市场结构，但是此种市场结构并不能长久保持，其主要原因还是在于创新影响力的扩大。随着互联网技术创新速度的加快，互联网产品的更新换代频率也日益加快，这增加了在位企业在高新技术市场上长时间保持高市场份额的难度。[1]

同时，互联网市场动态竞争的特点导致市场份额具有不稳定性。市场份额的取得也不等于拥有市场支配力量。比如，2004 年，雅虎（中国）在搜索引擎市场中所占的份额为 30.2%（百度和谷歌分别为 33.1% 和 22.4%），2005 年其所占份额为 15.6%，再到 2009 年，其市场份额已经变为 1.0%。由此，我们可以看出雅虎（中国）在中国搜索引擎市场份额减少得非常快。同时，这也显示，市场份额的获取并不能保证雅虎公司获得市场支配力量。[2]

因此，市场份额在认定市场支配地位时的重要程度有所降低，在认定企业是否具有市场支配地位时，执法机构也开始重视对企业创新能力以及用户活跃度的评估。

---

〔1〕 叶明：《互联网经济对反垄断法的挑战及对策》，法律出版社 2019 年版，第 72~73 页。
〔2〕 叶明：《互联网经济对反垄断法的挑战及对策》，法律出版社 2019 年版，第 72~73 页。

第四节　用户归属

用户归属问题一般反映出用户对平台选择的自由度。单归属是指用户只在一个平台上进行注册交易，而多归属则是指消费者在多个平台上进行注册交易。[1]平台市场中，平台企业会倾向于不断限制用户的选择自由度，使用户的选择从多归属变为单归属，形成用户锁定效应，并增强用户黏性。

平台的网络效应使平台拥有的用户越多，则平台自身越有价值。因此，巨大数量的用户基础是平台企业追求的目标之一。为了保持用户数量的优势，平台企业会采取不同的经营策略以增加用户黏性。

一、用户多栖属性

用户多栖通常是指，平台的用户同时加入两个或者多个平台的行为，[2]也可以称为"用户多归属"或者"用户多宿主"。[3]

平台经济中，用户多栖是一种常见现象。由于互联网市场中的大部分平台提供的产品或者服务都采取"零价格模式"来吸引大量用户，"零价格模式"使用户不需要转换成本，而平台企业同质化竞争，又为用户提供了更多类似项的选择，因此平台市场会呈现用户多栖的特征。

二、用户锁定效应

用户锁定是指，用户在使用产品或者接受服务的过程中，基于更换产品或服务带来的成本考虑，而不愿意转换使用其他经营者提供的类似产品

---

〔1〕吴汉洪、孟剑："双边市场理论与应用述评"，载《中国人民大学学报》2014年第2期。

〔2〕黄居林："双边市场与房地产经纪发展模式研究"，载《改革与战略》2010年第2期。

〔3〕Evans & Schmalensee, "The Industrial Organization of Markets with Two-sided Platforms", *Competition Policy International*, Vol. 2007, p. 166.

或服务的情况。用户锁定效应主要表现为对最初选择路径的一种依赖。[1]

"用户锁定效应"类似于经济学的"缺乏弹性"概念，指用户因习惯某个产品，不愿意再转向其他产品。用户锁定效应源于数字资源的不可携带性。互联网平台以数字化、信息化作为其存在和发展的基础，网络资源没有载体，难以固体化，所以用户容易被锁定在某一平台的服务或产品中。

通常情况下，锁定用户是平台企业的目标，但是用户多栖属性是企业达成用户锁定目标的障碍之一。平台锁定效应越强，平台的用户黏性越强，其竞争优势越大。

三、用户归属对互联网平台竞争的影响

（一）用户归属不同会影响平台的定价结构和竞争重心

用户单归属会形成平台间所谓的"竞争瓶颈"，[2]所以，在此类用户所在的一边市场，在定价结构上，平台通常对单归属的一边用户制定低于成本的价格（甚至补贴），而对多归属的一边则收取高价，以稳定单归属用户。但是，为扩大用户规模，多归属一边用户也是企业需要争取的对象。由此，如何制定定价策略，将多归属一方吸引到平台上进行交易，是平台企业需要考虑的。

企业的竞争重心往往聚焦于单归属的买方用户一边。拥有规模更大的买方数量会吸引大量卖方到平台上来，使平台业务量增加。因此，买方市场的竞争激烈程度远远高于卖方市场。

（二）用户归属会影响平台对兼容性的选择

现实中，平台缺乏自主兼容的内在动力。在用户多归属，且平台间存在竞争的情况下，用户多归属在一定程度上会减弱平台兼容的意向。虽

---

〔1〕 Keith Poole, "Entrepreneurs and Dependence", Nov. 18, 2019. *LAGACY CONTENT*, https://legacy. voteview. com/ entrepd. htm.

〔2〕 纪汉霖、张永庆："用户多归属条件下的双边市场平台竞争策略"，载《经济问题探索》2009 年第 5 期。

然，竞争的平台如果能够兼容，有可能提高资源的配置效率，但为了用户使用自己的平台，企业往往会选择不兼容。

(三) 增强用户黏性是互联网平台企业的目标

1. 平台通过提高转移转换成本，以形成用户锁定效应

我国目前的互联网平台企业提供的服务基本是零价格、免收服务费的，用户通常不存在金钱投入。以社交网络平台为例，用户转而使用其他平台产品承担的可能不是货币形式的转换成本，而是由社交网络关系所产生的社会转换成本，即用户转向其他平台，将无法与原平台用户进行有效沟通，这种社会转换成本会成为用户放弃该产品或服务的障碍。当存在转换成本不经济的情况时，用户便容易被锁定在平台中。比如，退出 QQ、微信等社交平台，用户将与该平台的其他好友失去联系；退出诸如盛大之类的网络游戏平台会使已经打下的"装备"和获得的"级别"失去意义。

2. 通过平台与供应商之间的独家交易或者供应商与用户之间的独家交易形成用户锁定效应

基于用户规模对于平台企业发展的重要性，相互竞争的平台企业可能会采取措施对用户进行约束，以锁定用户。[1]采取排他性举措是企业为锁定用户惯用的竞争策略之一。排他性的激励使用户只能单归属，通过提高单归属用户对平台的黏性，使其成为平台企业攫取利润主要而又稳定的来源。

独家交易协议是典型的排他性措施，它可能造成在一定时间内，对同行业竞争对手的实质性排挤，进而可能影响到用户的选择。比如，在奇虎360 与腾讯之间的 "3Q 大战"中，腾讯单方面要求 QQ 用户"二选一"，即安装了 360 安全卫士，就不能用 QQ，以及最近电商平台京东与天猫之间的"二选一"之争。如果平台间没有这种排他性的交易行为，用户就

---

〔1〕 纪汉霖、张永庆："用户多归属条件下的双边市场平台竞争策略"，载《经济问题探索》2009 年第 5 期。

可以通过选择平台同时购买多个竞争性平台的产品或服务，以获取最大的网络效应。[1]

第五节　注意力经济

互联网市场中，平台企业对用户数据信息的获取和使用促使平台企业更加关注对用户的争夺，即对用户注意力资源的争夺。因此，互联网经济在很大程度上呈现出注意力经济的特点。

一、注意力资源的定义

注意力资源是指，"对于某种特定信息的精神集中。当各种信息进入我们的意识范围，我们关注其中特定的一条，然后决定是否采取行动"。[2]互联网经济中，用户数据或者说用户注意力资源已经成为一种可贩卖的商品。

二、注意力资源的特点

（一）注意力资源具有稀缺性

人的时间和精力的有限性，使得用户的注意力资源具有有限性。经济学家赫伯特·西蒙认为："信息量的消费对象相当明白，他消费的是受众的注意，然而信息的丰富却造成了注意力的贫乏。"[3]互联网市场中的海量信息，使得作为资源的用户注意力更具稀缺性。

---

〔1〕　程贵孙：《互联网平台竞争定价与反垄断规制研究——基于双边市场理论的视角》，上海财经大学出版社 2016 年版，第 132 页。

〔2〕　［美］托马斯·达文波特、约翰·贝克：《注意力经济》，谢波峰等译，中信出版社 2004 年版，第 23 页。

〔3〕　杨庆仪："互联网时代公众注意力资源的管理与开发"，载《今传媒》2019 年第 5 期。

（二）注意力资源具有潜在性

这是注意力资源最大的特点。在用户个体的注意力达到足够数量级之后，注意力便成为一种可开发和管理的资源。注意力资源在开发前是隐形的，但是在开发后，注意力资源可以直接转化为生产力。

（三）注意力资源具有叠加效应

通过消耗注意力得到的信息会为偏好打下心理基础。当注意力资源再次被使用时，容易影响用户的价值判断和事实判断。经济学观点认为，这两类判断引导人作出就业、消费、存储三大决策。反复使用的注意力资源效率大于每一次使用的效率叠加总和。

（四）注意力资源缺乏持久性

互联网时代丰富的信息，使用户可以轻易地改变自己的关注对象，并且倾向于将自己的注意力资源分配在对其具有更大吸引力的资源上。所以，用户的注意力是易分散和转移的，尤其是对于电子商务平台。[1]

三、对互联网平台竞争的影响

（一）注意力资源的自身特点和互联网经济的影响

首先，网络信息海量增长，但用户的时间有限，导致了信息过剩和注意力有限之间的矛盾。其次，网络经济的本质就是注意力经济。美国科学家米歇尔·戈德海博就曾在《注意力购买者》中指出，信息的传播过程中，还有一种更具价值的资源在网络间流动，即注意力资源。而注意力经济就是最大程度上获得消费的注意力并进而获利的商业模式。最后，注意力资源具有潜在性、稀缺性、可增值性等特点，使得它在数字经济时代中可以形成巨大的经济效益。

（二）注意力资源对企业制定经营策略和竞争战略具有重要影响

互联网平台利用"零价格模式"吸引用户，锁定用户的前提是持续地

---

〔1〕 林霞："互联网时代提升企业竞争力的营销策略分析——基于注意力经济视阈下"，载《市场论坛》2017 年第 5 期。

获得用户的注意力。在保证用户长期关注的前提下，除能够获得用户数量以外，还能够获得的是用户的各项数据。用户的数量决定了另一边市场的供应商的数量，而获取用户的各项数据会影响平台企业更可能吸引到哪一些类型的供应商，进而会影响平台自身的定位以及经营战略的制定。因此，基于上述分析，用户的注意力资源便成为企业竞相争夺的对象。

（三）同质化竞争以及用户多归属加剧对注意力资源的争夺

一方面，数字经济时代，互联网平台的产品、服务和商业模式极易被模仿，市场进入门槛低，导致市场内的产品、服务等同质化竞争明显。另一方面，由于大部分平台企业为吸引用户数量，大多产品或服务采取"零价格"的定价策略，使得用户转换成本低，因此，平台用户往往具有多宿主的特征，即用户可能同时使用多个平台，并对其产品和服务进行比较、取舍。因此，在相同行业内，用户的注意力就成为主要的争夺对象。虽然，用户注意力对竞争的这种影响，通过平台产品的差异化可以得到一定程度的缓解，[1]同时，也有更多的平台寻求提供综合性的服务，以维持用户注意力。但是，即便互联网平台企业在其主营业务的免费平台服务范围上并不重合，基于注意力资源的有限性，平台之间仍然会因争夺注意力资源而具有竞争关系。

（四）平台企业需积极采取不同的手段以吸引用户注意力

平台的定价策略以及平台对功能和内容创新都是争夺和维持用户注意力的手段。[2]平台企业进入市场初期，对用户注意力的争夺主要依靠"零价格模式"等定价手段。同时，功能创新也是平台企业争夺、维持用户注意力的手段之一。比如，脸书计划增加搜索功能来减少其用户对谷歌的使用需求，从而获得更多的注意力资源。在市场中异军突起的企业，可能以

---

〔1〕〔美〕戴维·S. 埃文斯："在线平台的注意力竞争"，时建中译，载时建中、张艳华主编：《互联网产业的反垄断法与经济学》，法律出版社 2018 年版，第 63 页。

〔2〕〔美〕戴维·S. 埃文斯："在线平台的注意力竞争"，时建中译，载时建中、张艳华主编：《互联网产业的反垄断法与经济学》，法律出版社 2018 年版，第 82~86 页。

其"颠覆式的创新"吸引大量的用户资源，而市场中现有的企业会"提前预告"自己服务和产品更新换代的方式，实质上也是以创新的方式来挽留现有用户，避免注意力资源的流失。

第六节　数　据

互联网时代，数据成为平台发展最宝贵的资源之一。在互联网经济下，大数据分析技术是以数据为起点，平台企业作为双边市场的连接者，具备将双边用户的外部性加以内化的作用。因此，平台企业商业模式的本质是基于"大数据"的中介组织。[1]大数据是通过对海量数据的分析处理，为平台发展出谋划策的强技术手段之一。

一、数据的定义

根据我国《促进大数据发展行动纲要》的规定，"大数据是以容量大、类型多、存取速度快、应用价值高为主要特征的数据集合，正快速发展为对数量巨大、来源分散、格式多样的数据进行采集、存储和关联分析，从中发现新知识、创造新价值、提升新能力的新一代信息技术和服务业态"。[2]

二、数据的特征

（一）数据的规模大

网络的建设、数据收集方式的智能化、电子商务和社交网络的普及，以及用户自身泄露更多的个人信息，都使得数据收集的规模扩大，大数据

---

〔1〕　孙晋、钟瑛嫦："互联网平台型产业相关产品市场界定新解"，载《现代法学》2015年第6期。

〔2〕　陈兵："大数据的竞争法属性及规制意义"，载《法学》2018年第8期。

处理的素材增多。同时，平台双边市场网络效应的自我强化，用户规模的不断扩大，也增加了平台企业的数据来源、扩大了其拥有的数据规模。[1]

（二）数据收集、传播的速度快

只有数字化的过程才能最快速度地分析不同来源和种类的数据。[2]技术的进步使得收集、储存、处理和分析数据的成本下降并且速度加快，个别应用的数据分析已接近实时速度。

（三）数据信息的种类多

平台对用户数据的收集包括了用户的性别、年龄、地址、历史购买记录等，种类繁多的零散数据通过大数据的融合处理，价值得以提升。平台可以通过对数据的分析，预测用户的偏好，模拟用户画像。

（四）数据的价值高

首先，数据自身具有一定的价值；其次，随着数据收集规模的扩大，数据处理技术的提高，规模数据的数据价值不断增长，并与其应用于产品、服务的经济价值具有关联性。互联网平台收集的数据的价值，尤其是在位的优势企业所收集的数据的价值，不仅体现在数据的规模和范围上，而且体现在数据的质量和精准性上。[3]

三、对互联网平台竞争的影响

互联网平台竞争中，大数据已经成为一种核心的经济资产，它能够为企业带来显著的竞争优势并驱动创新和经济增长。[4]随着数据的获取

---

〔1〕［美］莫里斯·E. 斯图克、艾伦·P. 格鲁内斯：《大数据与竞争政策》，兰磊译，法律出版社 2019 年版，第 18~19 页。

〔2〕韩伟："德国《平台与网络的市场力量》报告"，载微信公众号"数字市场竞争政策与研究"，2019 年 11 月 14 日。

〔3〕Australia Competition &Consumer Conmission, *Digital Platforms Inquiry— Final Report*, 2019, p. 11.

〔4〕Australia Competition &Consumer Conmission, *Digital Platforms Inquiry— Final Report*, 2019, p. 42.

和使用成为企业竞争的关键，数据驱动的企业都希望获得大数据优势，并因此展开对数据的争夺。比如，2011 年《金融时报》将 iPad 和 iPhone 应用从苹果应用商店撤离之举，就是二者对用户订阅数据进行争夺的体现。

（一）大数据有利于促进互联网平台竞争

1. 大数据优势与企业规模发展存在良性循环

结合数字经济时代多边市场、网络效应等特点，企业规模的差距导致企业数据收集能力上的差距，并将进一步影响服务的质量。首先，网络平台"做中学"的模式，使数据算法通过不断试错，获得反馈信息，不断优化性能进而吸引更多的消费者，获得规模效益。其次，规模经济可以带来数据数量的增加，而范围经济可以带来数据类型的多样化。因此，规模越大的企业越容易获得数量巨大且更全面的数据资源，而这一过程中，小型企业只能获得少量的数据，吸引少量的顾客，因此，小企业将面临逐步被边缘化的境地。

2. 大数据可以传导企业优势，促进跨界竞争

面对市场竞争，拥有大数据优势的企业可以利用用户资源数据以及平台企业的用户黏性和锁定效应传导企业的优势，通过跨界经营将主营业务的数据资源优势辐射到其他领域，进而拓宽营利渠道。以腾讯为例，腾讯依靠 QQ 聊天工具获得庞大的用户数据，进而开发出微信，并不断地扩大产业边界，发展移动支付并可链接其他服务。互联网市场中，"赢者通吃"的优胜者，往往同时拥有庞大的用户数据库、技术水平较高的算法技术等，但如果其提供的服务是不兼容的，那么，市场中的新进入者还可能面临技术壁垒。

（二）大数据可能阻碍互联网平台竞争

1. 企业可能利用大数据抬高市场进入壁垒

"市场进入壁垒"体现的是在位者和潜在竞争者之间的关系。构筑较

高的市场进入壁垒则是认定企业市场支配地位的充分条件。[1]在互联网时代，尽管用户具有多归属性、数据获取具有非排他性和非竞争性，但是，大数据依然可能会抬高市场进入的门槛。

首先，数据收集成本可能阻碍小企业和新的企业进入市场。数据收集是企业通过提供免费服务而获取用户数据，这需要企业前期很高的研发投入以及对平台、产品和服务的经营投入。因此，优势企业有动力和理由阻止竞争对手获得、分享自己所获取的数据并限制数据的可迁移性。同时，这一成本负担和数据可携带性不强，可能让小企业和新的市场进入者难以获得与优势企业相当的数据规模。

其次，个别平台的规模效应导致用户转换成本高，会进一步增强用户锁定效应，在用户层面形成市场进入壁垒。[2]大数据本身的特征意味着，拥有大数据优势的平台企业是具有规模效应的。因此，新的竞争者也需要在双边市场都具备一定的用户数量，才能与市场中领先的在位企业进行竞争。这意味着缺乏一定数量的用户会成为潜在竞争者进入市场的障碍。[3]

最后，大数据的价值促进了以数据并购为主要目的的经营者集中不断增加。根据 2015 年 OECD 的统计，2008—2012 年，全球在数据领域的合并与收购数量从 55 件快速增加到 164 件。[4]数据驱动型的并购可以快速整合多个平台的用户数据，如 2015 年，优步也曾提出以几十亿美元的价值收购诺基亚旗下名为 Here 的地图，以扩大地图数据库。数据并购会为企业将来在"不相关市场"和"未来市场"的竞争上提供支持，微软并

---

〔1〕　叶明、商登辉："互联网企业搭售行为的反垄断法规制"，载《山东社会科学》2014 年第 7 期。

〔2〕　韩伟、李正："大数据与企业市场力量"，载《中国物价》2016 年第 7 期。

〔3〕　Evans & Schmalensee, "The Industrial Organization of Markets with Two-sided Platforms", *Competition Policy International*, Vol. 2007, p. 164.

〔4〕　韩伟、曾雄："OECD《数字经济》调研报告介评"，载韩伟主编：《数字市场竞争政策研究》，法律出版社 2017 年版，第 43~44 页。

购领英（LinkedIn）[1]就使得微软在数据拥有以及大数据分析上的优势是在位的或潜在的市场竞争者难以匹敌的，并由此从实质上抬高了行业进入的门槛。

2. 平台企业可能利用大数据限制创新竞争

大数据作为一种处理数据、分析数据的手段，其对于数据之间的相关性的分析和预测是中性的，但拥有大数据优势的平台企业通过分析，可以率先发现对企业发展存在威胁的小企业，在其还未发展壮大前就将其并购。

以先发制人式的并购为例，此类并购一般是指针对最具竞争威胁或潜质的企业，在其萌芽或早期阶段就进行并购。[2]互联网市场动态竞争和创新频发的特点，会使市场竞争格局快速变化。尤其新兴公司和中小经营者作为被并购一方，常在平台一边或相邻市场从事经营活动，这类经营者或者拥有蕴含商业价值的大量数据，或者拥有极大的创新潜力，可能通过颠覆性的技术创新或商业模式创新对并购方产生竞争约束。因此，此类并购可能会抑制市场创新。

3. 平台企业可能利用大数据损害竞争秩序

为了获取或者维持现有的竞争优势，平台可能会限制竞争对手访问数据，或者阻碍他人分享数据，也可能会反对威胁其数据竞争优势的数据可移植性政策。[3]当作为"基础设施"的大数据被集中掌握在少数企业手中时，具有竞争优势的企业不仅可以对作为数据来源的主体施加影响，比如利用"大数据杀熟"进行价格歧视损害消费者的公平交易权。[4]它们还可

---

〔1〕 陈兵："大数据的竞争法属性及规制意义"，载《法学》2018年第8期。

〔2〕 熊鸿儒："数字经济时代反垄断规制的主要挑战与国际经验"，载《经济纵横》2019年第7期。

〔3〕 费方域等："数字经济时代数据性质、产权和竞争"，载《财经问题研究》2018年第2期。

〔4〕 詹馥静、王先林："反垄断视角的大数据问题初探"，载《价格理论与实践》2018年第9期。

以通过拒绝交易使对手无法获取数据或者在经营中进行"数据搭售"来排除、限制竞争,[1]比如,谷歌限制他人访问其地图数据,也不向他们提供数据分析和服务。

---

〔1〕　曾雄:"数据垄断相关问题的反垄断法分析思路",载《竞争政策研究》2017 年第 6 期。

第三章

互联网平台相关市场的界定

第一节　相关市场界定在反垄断规制中的地位

无论是我国还是其他国家和地区，界定相关市场都在反垄断规制中占据着重要地位。国务院反垄断委员会在 2009 年印发的《关于相关市场界定的指南》第二条中指出"任何竞争行为（包括具有或可能具有排除、限制竞争效果的行为）均发生在一定的市场范围内"，"科学合理地界定相关市场，对识别竞争者和潜在竞争者、判定经营者市场份额和市场集中度、认定经营者的市场地位、分析经营者的行为对市场竞争的影响、判断经营者行为是否违法以及在违法情况下需承担的法律责任等关键问题，具有重要的作用。因此，相关市场的界定通常是对竞争行为进行分析的起点，是反垄断执法工作的重要步骤"。在欧盟委员会 1997 年发布的《关于欧盟竞争法界定相关市场的通告》及美国司法部和联邦贸易委员会 2010 年发布的《横向合并指南》中也指出，界定相关市场在反垄断执法中发挥着十分重要的作用，并在反垄断分析中具有基础性的地位。

一、相关市场界定与市场力量评估之间的关系

相关市场界定在反垄断规制中之所以具有如此重要的基础性地位，是因为相关市场与企业市场势力之间存在重要的联系。根据哈佛学派产业组

织理论的观点，一个市场中的市场结构、市场行为与市场运行之间有着紧密的联系，即市场结构影响着企业的市场行为，企业的市场行为又影响着市场的绩效。在高度垄断的市场结构下，具有垄断地位的企业就极可能利用其垄断地位来排除或者限制竞争以获取垄断利益，从而对市场运行产生不利影响。基于市场结构、市场行为和市场运行三者之间的关系，反垄断的核心就是通过对企业并购和具有一定市场势力的企业的行为进行监督，以保护市场竞争，维护市场的高效运行，因此识别企业的市场势力就成为反垄断规制中的重点。关于企业的市场势力，目前被普遍接受的观点是市场势力即企业长期在边际成本之上定价并且依然有利可图的能力。根据现有经济学理论，测度一个企业是否在特定市场上拥有市场势力，可以有两种方法：一是直接的方法；二是间接的方法，即通过界定相关市场进而计算相关企业的市场份额。这两种方法都要考虑需求替代、供给替代和潜在竞争。[1]在实践中由于企业经营的边际成本等经济数据难以获取和测算，因此在反垄断执法时往往采用间接的方法来测度市场势力。采用间接方式来测度市场势力时首先需要对相关市场进行界定，其次要在相关市场当中确定企业所占的市场份额，最后再结合市场当中的竞争条件来解释前两步所确定的市场份额是否可以说明企业所具有的市场势力。正因为如此，在传统的反垄断执法过程中，界定相关市场往往是对案件进行反垄断分析的基础和起点。

二、相关市场界定与竞争损害评估之间的关系

在垄断行为的法律规制中，需对该行为已经带来的或可能造成的竞争损害进行评估，才能决定是否应当对其进行规制。而竞争损害评估的第一步往往就是界定相关市场，界定出相关市场后再评估该相关市场上的竞争

---

〔1〕〔德〕丹尼尔·茨曼："消费者需求与假定垄断者测试：相关市场界定的两种分析框架"，载王晓晔主编：《反垄断法中的相关市场界定》，社会科学文献出版社2014年版，第15页。

是否受到限制、市场进入是否受到影响，该相关市场上的其他市场参与者（交易相对方或者消费者）的选择自由是否受到限制等。反之，如果不能较为清晰地界定相关市场，只是笼统地认为市场竞争受到了限制，则不具有严谨性和合理性。因此，界定相关市场在以禁止垄断协议和禁止滥用市场支配地位行为为代表的事后规制中起着重要的作用。

三、相关市场界定与经营者集中审查标准之间的关系

经营者集中审查是一种事前规制，在对申报的经营者集中进行审查时，要进行预测性评估，而该预测性评估的前提也是对该经营者集中可能涉及的相关市场进行界定和划分，再分别评估经营者集中对涉及的各个相关市场的影响。值得注意的是，在经营者集中审查时进行的相关市场界定与前述事后规制中进行的相关市场界定仍有一定区别，经营者集中审查所界定的相关市场要求比事后规制中的相关市场更清晰、更明确，因为对于预测性的竞争评估更需要由相关市场的明确清晰作为保障。

第二节　互联网平台竞争反垄断规制中的相关市场界定

一、相关市场界定面临的挑战

随着互联网平台经济的不断发展，互联网平台的反垄断规制面临诸多挑战。前文中我们已经阐述了与传统市场相比，互联网平台市场所具有的诸多特点，概括起来主要体现在以下两个方面：一是基于双边市场的交叉网络外部性、用户多栖性以及互联网平台之间的注意力竞争和大数据竞争等特点，与传统市场相比，互联网平台市场中的企业面临着更加复杂的竞争约束；二是基于双边市场交叉网络外部性等特点，互联网平台企业在双边市场中往往实施着复杂的定价策略，并在双边市场产生了不同类型的价格结构。互联网平台竞争的这些特点给互联网平台相关市场界定带来了巨

大的挑战。比较典型的案例如 2011 年奇虎诉腾讯滥用市场支配地位案，相关市场的界定就面临了传统的 SSNIP 测试法无法适用的难题。在相关市场界定面临巨大困难的情况下如果仍将其作为反垄断分析的基础和起点，那么互联网平台市场的反垄断规制也必将变得困难重重。

面对互联网平台相关市场界定的难题，不少学者都指出可以适当降低相关市场界定在反垄断执法过程中的地位，降低对相关市场界定的精确度的要求，在特定条件下甚至可以尝试跳过界定相关市场，通过其他方式来测度企业的市场势力。如林平认为，在双边市场中，市场份额仅能够为市场支配地位认定提供有限指引，市场集中度与市场竞争程度的相关性也并非很明确，如有其他更加直接的方法能够更合理地评估企业的市场势力，应该弱化相关市场界定、市场份额和市场集中度在反垄断分析中的作用。[1]黄勇认为在界定互联网产业的相关市场时应考虑来自双边的竞争性产品，同时在特定条件下可以越过相关市场界定这一传统理论中的必备环节直接认定企业的市场支配地位，从而达到有效节省反垄断法司法与执法成本、提高司法与执法效率之目的。[2]韩伟认为在存在其他有关竞争影响的直接证据的情况下，相关市场精确界定所起的作用就可以减弱。[3]在我国的司法实践中，最高人民法院在奇虎诉腾讯滥用市场支配地位案的判决中指出，"并非在任何滥用市场支配地位的案件中均必须明确而清楚地界定相关市场"。可见，我国司法实践中也支持并非所有案件的反垄断分析都必须建立在明确界定相关市场的前提之上。此外，OECD 在《多边平台反垄断工具之反思》的报告中也指出，就相关市场界定而言，涉及多边平台的市场中，进行相关市场界定的价值可能并不大。执法部门应该仔细考虑，

---

〔1〕 林平、刘丰波："双边市场中相关市场界定研究最新进展与判例评析"，载《财经问题研究》2014 年第 6 期。

〔2〕 黄勇、蒋潇君："互联网产业中'相关市场'之界定"，载《法学》2014 第 6 期。

〔3〕 李青、韩伟："反垄断执法中相关市场界定的若干基础性问题"，载《价格理论与实践》2013 年第 7 期。

进行市场界定是否必要，以及实施市场界定所耗费的资源是否合乎比例。

也有很多学者认为尽管在互联网平台经济的背景下，相关市场界定面临了诸多挑战，但在反垄断执法过程中依然应该坚持相关市场的基础性作用，不能轻易淡化相关市场界定在反垄断法分析中的地位。如蒋岩波认为相关市场界定是处理反垄断案件的逻辑起点，一旦离开这一起点去实施反垄断法律，势必会导致反垄断法实施的扩大化，产生大量的反垄断"伪案"，浪费国家的执法、司法资源，更多的企业将会因此遭受诉累，影响企业的创新。张玉洁认为即使相关市场界定存在一定困难性，也不能使其成为司法机关回避市场界定的理由。对于互联网垄断案件的司法规制而言，相关市场界定是非常有必要的。虽然学者们认为淡化市场界定工作，是本着一种务实的态度，但基于目前的司法实践和经济学理论尚未出现足够成熟的替代方案，市场界定仍然应是互联网反垄断案件审理的首要环节。[1]宁立志认为相关市场界定困难并不意味着在反垄断案件中可以绕开或弱化这一环节。即使有其他方法或证据能够更直接地分析市场竞争效应或合理地评估企业的市场势力，也不应该弱化相关市场界定、市场份额和市场集中度在反垄断分析中的作用。[2]

结合前文的分析以及不同学者和反垄断执法机构的观点，本书认为，可以适当淡化相关市场界定在互联网平台反垄断中的地位，并且在一定条件下可以通过直接效果证明企业具有市场势力或进行了垄断行为，或者通过其他方法跳过界定相关市场来证明企业的市场势力。从相关市场界定自身在反垄断执法过程中的作用来看，对于反垄断分析而言，相关市场界定本身的作用是间接测度企业的市场份额从而确定企业市场势力。既然相关市场界定是作为反垄断分析的一种工具，则从逻辑上来说就应当具有可替

---

[1] 张玉洁："互联网行业相关市场界定的司法困境与对策——以双边市场为视角"，载《价格理论实践》2018年第1期。

[2] 宁立志、王少南："双边市场条件下相关市场界定的困境和出路"，载《政法论丛》2016年第6期。

代性。当出现更加高效的分析工具或者有其他直接证据可以达到反垄断执法机构所要求的证明标准时我们可以适当地淡化相关市场界定在反垄断执法中的地位。在互联网平台竞争中，相关市场界定本身也遇到了较大的麻烦。一方面，在互联网平台市场下，基于价格理论来界定相关市场的方法在很多情况下无法有效适用，界定出来的结果也可能产生较大的误差。另一方面，互联网平台的市场势力与市场份额之间的相关度有所下降，这也导致通过界定相关市场来明确市场份额进而解释企业市场势力的分析路径本身可信程度也有所降低。因此本书认为适当淡化相关市场界定在互联网平台反垄断中的作用是合理的，同时也是反垄断执法对互联网平台经济之特点的回应。

二、相关市场界定在互联网平台反垄断规制中的作用

虽然相关市场界定在互联网平台反垄断规制中的地位有所降低，但本书认为，其在以下几个方面仍具有重要作用。

（一）相关市场界定仍应作为反垄断分析的主要工具

虽然实践已经反映出互联网平台的相关市场界定正面临着诸多困难，且众多国内外学者以及执法机构也指出可以适当在互联网平台反垄断案件中淡化相关市场界定的问题，但这并不意味着我们可以忽视相关市场界定在反垄断分析中的重要作用。淡化相关市场概念不失为一种务实的态度，但这种淡化应该符合严格的条件。[1]虽然相关市场界定正面临技术方法上的问题，但实践中我们反垄断分析的思路主要还是通过确认企业的市场份额来间接测度其市场势力，因此相关市场界定在反垄断分析中仍具有重要意义，应当作为分析的首选工具。不过在使用界定相关市场这一工具时，我们可以寻求更能适应互联网平台竞争特点的界定方法。同时，根据不同案件的具体情况，如果相关市场界定确有困难，本书认为可以适当降低相

---

[1] 黄勇、蒋潇君："互联网产业中'相关市场'之界定"，载《法学》2014第6期。

关市场界定的精确度或者对举证责任的分配和证明标准进行调整。此外，我们也应正确认识界定相关市场的工具价值，即界定相关市场本身并非我们进行反垄断分析的目的，我们的最终目的是要证明某个企业的市场势力并判断其是否有通过不正当的方式来建立或维系其市场势力或其是否有利用其市场势力以获取不正当利益，损坏竞争秩序的行为。因此当界定相关市场确有困难，且通过其他方式可以实现反垄断分析的目的时，我们可以尝试通过其他方法进行分析，但一般情况下我们仍应将相关市场界定作为反垄断分析的主要工具。

(二) 相关市场界定在反垄断执法中可以起到筛选案件的作用

市场界定有助于识别市场势力和测度相关企业的市场力，这有助于反垄断执法机关将竞争情势紧迫即可能引发严重限制竞争的案件与那些不会严重限制竞争从而不需要认真审查的案件区别开来。[1]在对互联网平台相关市场进行界定时，由于双边市场的存在，相关市场的范围可能被界定得过宽或过窄，要准确界定相关市场的范围需要综合考虑双边市场交叉网络外部性、大数据竞争、注意力竞争等特点。在通过界定相关市场来筛选案件时，我们无需对相关市场进行精确地界定，只需要将企业可能存在排除或限制竞争垄断行为的案件筛选出来做进一步的分析即可，从而可以节约反垄断的执法和司法资源。比如经济学指出，在双边市场中，如果仅对其中一边进行相关市场界定，可能导致相关市场被界定得过窄。但换一个角度来看，在界定更窄市场的情况下，如果交易不会对市场竞争造成影响，那么在更大的相关市场中存在问题的可能性更低。[2]因此在有些明知相关市场可能被界定得过窄或者过宽的情况下，我们通过对过宽或者过窄的相关市场上的企业市场势力进行分析即可以判断是否需要进一步对案件展开深入的分析，有助于提高反垄断执法的效率，节约司法资源。

---

〔1〕 王晓晔主编：《反垄断法的相关市场界定及其技术方法》，法律出版社 2019 年版，第 52 页。

〔2〕 赵莉莉："反垄断法相关市场界定中的双边性理论适用的挑战和分化"，载《中外法学》2018 年第 2 期。

（三）相关市场界定在证明竞争损害时仍具有重要作用

《中华人民共和国反垄断法》（以下简称《反垄断法》）第四十六条和第四十七条分别规定了对于垄断协议和滥用市场支配地位的垄断行为将由反垄断执法机构责令停止违法行为，没收违法所得，并处上一年度销售额百分之一以上百分之十以下的罚款。在对垄断行为进行处罚时，确定企业违法所得或者罚款的过程往往需要通过界定相关市场来确定企业违法行为所造成的损害以及罚款所依据的销售额等。如 2015 年国家工商行政管理总局在利乐公司滥用市场支配地位案中对利乐公司作出的处罚就是该公司2011 年度在中国大陆相关商品市场的销售额百分之七的罚款。显然，该案中销售额的确定必须建立在相关市场界定的基础之上。

三、互联网平台相关市场界定的难点和解决路径

在明确相关市场界定在互联网平台反垄断规制中的重要地位和作用的基础上，结合互联网平台竞争的特点，本书进一步总结了在互联网平台经济背景下相关市场界定主要面临的一些难题以及相应的解决路径。

（一）互联网平台相关市场界定的范围选择

互联网平台市场最突出的一个特点就是互联网平台竞争基本都会涉及双边市场甚至多边市场。由于在双边市场中两边之间存在交叉网络外部性，企业在某一边市场中的行为将对另一边市场产生交叉影响，这使得平台涉及的各边之间存在着紧密的联系，企业的很多经营行为特别是在双边市场中的定价行为都是基于双边市场的这一特点来实施的。互联网平台的这一特点导致其相关市场界定面临一个特殊的问题，即相关市场界定的范围选择的问题。具体而言，可以概括为两个问题。一是当面对双边市场或者多边市场时我们是应该仅就平台涉及的某一边进行界定还是对涉及的每一边都进行界定？二是如果需要对平台涉及的所有边都进行界定，那么是应该对每一边分别进行界定还是将各边看作一个整体一起界定？

对于是否应该对平台涉及的每一边均进行界定的问题，学者们已得出了统一的结论，即在双边市场进行相关市场界定时不能仅着眼于其中一边，而是应该将两边都考虑进去。[1]因为如果仅就双边市场的某一边进行界定的话，难以正确评估企业面临的竞争约束，界定的相关市场可能会过窄。[2]如果在相关市场被界定得过窄的基础上展开反垄断分析可能导致一些本不具有市场支配地位的企业被认定为具有市场支配地位，从而导致一些不完全构成垄断的行为被认定为违法行为。

对于第二个问题，即应该对每一边分别进行界定还是将各边看作一个整体一起界定，学者们普遍认为应该根据平台的类型来进行选择。目前学界接受度较高的是由 Damme 等学者提出的市场分类方法，即将市场分为两类，一类是交易型双边市场，另一类是非交易型双边市场。[3]其中交易型双边市场（two-sided transaction markets）是指，平台两边用户之间存在可观测到的直接交易的双边市场。非交易型双边市场（two-sided non-transaction markets）则是指，平台两边用户之间不存在直接交易或者即使存在交易但却无法被观测到的双边市场。交易型双边市场与非交易型双边市场在收费方式和产品对各边用户的可替代性上有显著差异。因此学者们普遍认为对于交易型双边市场可以将两边市场作为一个整体来进行相关市场界定，对于非交易型双边市场则应对两边市场分别进行界定。2016 年德国联邦卡特尔局在其发布的《平台与网络的市场力量》调研报告中也认为应该根据平台的类型来选择对两边市场进行整体界定还是分别界定，但德国联邦卡特尔局采取了另外一种分类方式，即将互联网平台分为匹配型平台（matching platforms）和用户供应型平台（audience providing platforms）。其

〔1〕 王晓晔主编：《反垄断法的相关市场界定及其技术方法》，法律出版社 2019 年版，第 275 页.

〔2〕 David S. Evens & Michael D. Noel, "The Analysis of Merge That Involve Multisided Platform Businesses", *Journal of Law and Economics*, Vol. 4, No. 3., 2008, pp. 665-695.

〔3〕 Damme, et al., "Merge in Two-Sided Markets—A Report to the NMa2010", *Netherlands Competitiong Authority*, pp. 182-183.

中匹配型平台是指为了直接交互的目的而连接两个或多个用户组的平台，用户供应型平台则是指通过提供接入潜在用户的便利，使得一组用户获取另一个用户组的注意的平台。他们认为对于匹配型平台而言，帮助两边的用户建立连接就是平台提供的服务，因此平台对于两边的用户而言其提供的服务的可替代性是高度一致的，因此在对匹配型平台进行相关市场界定时应将平台两边作为一个整体市场来进行界定。而在用户供应型平台中，平台其中一边用户选择使用平台时所看重的不是另一边用户建立连接，而是平台提供的其他服务，平台对于其两边的用户而言其可替代性并不一致，因此在对用户供应型平台相关市场进行界定时应该将平台的两边作为两个市场分别进行界定。

在平台的分类方式上，本书更倾向于采用德国联邦卡特尔局所采用的分类方式，与前一种分类方式相比，这种分类方式更加关注两类平台在对其两边用户的可替代性是否趋于一致的问题，这也是对两类平台采取不同界定方式的根本原因所在。因此将平台划分为匹配型平台和用户供应型平台更具有合理性。

（二）零价格产品的相关市场界定

在互联网平台经济中，尤其是在上述的用户供应型平台中，"零价格"（免费）已成为一种十分常见的定价模式。由于双边市场交叉网络外部性特点的存在，互联网平台往往在两边市场中制定不对称的价格结构，即在一边市场中对其提供的商品或服务制定较低的价格，而在另一边市场中制定相对较高的价格。一些互联网平台为了在平台的一边聚集大量的用户从而在平台另一边市场吸引用户选择其提供的服务，而将平台一边的价格定为零，将另一边作为其利润来源边对该边的用户收取费用。这种竞争模式也被一些学者称为零价格竞争。反垄断法的一个首要目标就是防止企业利用其市场势力，通过垄断高价来获取不正当利益。而在免费产品市场，由于互联网平台提供的产品是免费的，不可能出现垄断高价的情况，此时免费产品市场是否存在反垄断法意义上的相关市场呢？这一问题引发了许多学者的讨论，其中 Evans 的观点得到了较为普遍的支持，他认为互联网平台在其一边市场实行免费策略是为了实现整个平台利润的最大化，因此免费产品市场有时候也需要进行反垄断分析。同时在对免费产品市场进行分析时还应当考虑到平台另一边的收费产品市场。[1]

本书认为，在互联网平台竞争中，平台在其一边提供免费的产品或服务是其整体定价策略的一部分，免费边与付费边之间具有紧密的联系，平台在免费边所建立的市场势力将通过双边市场的交叉网络效应传递到付费边市场，从而影响其在付费边市场的定价能力。因此本书认为在界定相关市场时有必要将免费边纳入相关市场界定的范围，至于是将免费边和付费边作为一个整体市场进行界定还是对两边市场进行单独界定，则需参考上文关于整体界定还是分别界定问题的结论。

（三）SSNIP 测试法在互联网平台相关市场界定中的改进

SSNIP 测试法是目前各国反垄断执法机构在界定相关市场时最常用到的分析方法。我国国务院反垄断委员会在《关于相关市场界定的指南》中就指出，在经营者竞争的市场范围不够清晰或不易确定时，可以按照假定垄断者测试的分析思路来界定相关市场，并在指南中介绍了 SSNIP 测试法的基本思路。互联网平台相关市场界定之所以难度很大，其中一个重要原因就是在相关市场界定中常用的界定方法 SSNIP 测试法在互联网平台相关市场界定中难以适用。因此我们有必要针对互联网平台竞争的特点对 SSNIP 测试法进行改进。

具体而言，SSNIP 测试法在互联网平台相关市场界定中主要面临以下两方面的问题。一是由于互联网平台双边市场中存在交叉网络外部性，当一边市场中的价格发生变化时由交叉网络外部性导致的乘数效应可能会导

〔1〕 David S. Evans, "The Antitrust Economics of Free", (John M. Olin Program in Law and Economics Working Paper No. 555, 2011).

致价格变动对平台收益的影响被低估，从而导致相关市场被界定得过窄。这一现象可能导致反垄断执法机构对互联网平台的正常经营行为进行不必要的干预。二是由于在进行 SSNIP 测试时需要在一段时间内对平台提供的产品或服务进行微小且显著的涨价。而在目前免费产品盛行的互联网平台市场中，一旦对免费商品涨价将对平台整体定价策略和商业模式造成极大的破坏。同时一旦对免费产品进行收费，互联网平台经济下用户多栖性的特点将导致平台用户大量流失，极大地降低平台的收益。这些问题都将导致 SSNIP 测试法在免费产品市场中无法适用。

针对这些问题，本书认为可以对 SSNIP 测试法进行以下调整。第一，应根据互联网平台的类型来确定是以平台某一边的利润变化情况还是以平台两边的利润变化情况作为 SSNIP 测试的考察对象。根据前文的分析，对于匹配型平台而言，在进行相关市场界定时需要将平台的两边市场作为一个整体进行界定，因此应该以平台双边的利润之和作为 SSNIP 测试的考察对象。对于用户供应型平台而言，在进行相关市场界定时需要对平台两边的市场分别进行界定，因此在界定时应选择平台被界定一边的利润作为 SSNIP 测试的考察对象，但在测试中仍应考虑到平台双边之间的交叉网络外部性。第二，在进行 SSNIP 测试时应该允许平台对其双边的价格结构进行调整，而非仅允许其调整平台某一边的价格。这是因为 SSNIP 测试的目的是通过让企业在一定时间内提升其产品或服务的价格并观察其是否仍具有营利能力来判断企业是否具有市场支配地位，而在互联网平台竞争中企业是否可以营利的关键在于其所制定的价格结构，而非单独某一边市场的定价。正如 Emch 和 Thompson 所指出的，在实践中，垄断者确实在提价时调整其价格结构，所以在分析 SSNIP 测试时，应该允许假定垄断者调整其价格结构，否则就是不切合实际。[1]因此，允许企业对价格结构进行调整

---

[1]　Eric Emch & T. Scott Thompson：" Market Definition and Market Power in Payment Card Networks", *The Review of Network Economics*, Vol. 5, No. 1, 2006, pp. 45-60.

才能真实地反映出企业在涨价后的营利能力，SSNIP 测试的结果才能更加准确。第三，在对免费产品市场进行界定时，可在 SSNIP 测试的基础上对测试方法进行调整，改为 SSNDQ 测试，即测试时不对产品的价格进行涨价，而是维持产品的价格，让企业在一定时间内降低其提供的产品或服务的质量并观察企业是否仍能营利。国内外很多学者在讨论免费产品相关市场界定时都提出了对 SSNIP 测试作出这一改进，这是因为平台免费产品边的用户不仅对价格的变动比较敏感，而且平台所提供的产品或服务的质量也是他们选择平台时的重要依据。因此，当对免费产品的相关市场进行界定时，我们可以用对产品质量的降低来取代原本 SSNIP 测试中对价格的提高，并观察企业在这种情况下的营利能力。可见 SSNDQ 测试的基本原理与 SSNIP 测试是一样的，只是对测试时调整的变量进行了变更。

第四章

互联网平台垄断协议的反垄断规制

第一节　垄断协议的构成要件

我国《反垄断法》第十三条规定，垄断协议是指排除、限制竞争的协议、决定或者其他协同行为。垄断协议的构成需要具备三个方面的要素。

其一，主体要件。垄断协议的实施者为两个或两个以上的经营者，单个经营者无法形成垄断协议。根据我国《反垄断法》的规定，垄断协议的实施主体包括经营者和行业协会。

其二，行为要件。当事人之间具有某种形式的共谋，具体表现为协议、决定或者其他协同行为。这里的"协议"指两个或两个以上的经营者通过书面协议或者口头协议的形式，就限制竞争的行为达成一致意见。"决定"是指企业集团、行业协会或者其他形式的企业联合体以决议的形式，要求其成员企业共同实施的限制竞争的行为。[1]据此定义，我国《反垄断法》上法定的"决定"主体应当为行业协会，2010年的《工商行政管理机关禁止垄断协议行为的规定》[2]和国家发展和改革委员会制

---

〔1〕 王先林：《竞争法学》，中国人民大学出版社2018年版，第219页。

〔2〕 2010年《工商行政管理机关禁止垄断协议行为的规定》（现已失效）第九条："禁止行业协会以下列方式组织本行业的经营者从事本规定禁止的垄断协议行为：（一）制定、发布含有排除、限制竞争内容的行业协会章程、规则、决定、通知、标准等；（二）召集、组织或者推动本行业的经营者达成含有排除、限制竞争内容的协议、决议、纪要、备忘录等。"

定的《反价格垄断规定》[1]对上述观点都予以印证，并且将行业协会组织本行业经营者从事垄断行为的方式分为两种，即制定、发布含有排除、限制竞争内容的决定、通知标准和组织、召集、推动本行业经营者达成垄断协议。"其他协同行为"是指虽不存在协议或决定，但是经营者实施了实质上协调一致的行为。

其三，垄断协议具有排除、限制竞争的目的或者产生了排除、限制竞争的结果。[2]

我国《反垄断法》禁止的垄断协议分为横向垄断协议和纵向垄断协议，确定了"禁止+豁免"的规制框架。互联网平台的兴起，为适用《反垄断法》规制垄断协议带来了挑战。

第二节　互联网平台垄断协议的典型行为

一、互联网平台企业固定价格行为

（一）互联网平台企业固定价格行为的定义

互联网平台企业固定价格行为是指互联网平台经营者通过协议、规则或者算法等形式，促使平台一边商家提供商品或者服务的价格趋同的行为。比较典型的是网约车领域，网约车平台通过事先制定价格机制，使得同等条件下司机提供运输服务的价格相同。

（二）相关的具体案例

互联网平台与经营者达成垄断协议时，当价格由平台的算法确定，且交易方都对此价格表示应允时，会对竞争秩序产生破坏。

---

〔1〕《反价格垄断规定》（现已失效）第九条："禁止行业协会从事下列行为：（一）制定排除、限制价格竞争的规则、决定、通知等；（二）组织经营者达成本规定所禁止的价格垄断协议；（三）组织经营者达成或者实施价格垄断协议的其他行为。"

〔2〕王晓晔：《反垄断法》，法律出版社 2011 年版，第 9 页。

　　2015 年居住于美国康涅狄格州的优步乘客 Spencer Meyer 代表自己及出现类似情况的乘客向美国纽约南区联邦地区法院提起了反垄断民事集团诉讼，指控优步的前 CEO Travis Kalanick 与优步司机利用算法达成共谋。

　　原告认为，优步采用动态定价算法，表现为车主并不与乘客议价，由算法确定乘车资费，优步平台收取车费后抽取其中的 20%～25% 作为软件许可费。具体运作方式为：首先，优步利用动态算法确定基础车费价格；其次，优步平台根据实时的用车需求与可接单车辆的供给变化作出溢价调整。例如，在暴风雪等极端天气条件下，纽约的优步价格是正常天气下同时段的 8.25 倍。[1] 综上，优步平台实际操控的是基础车费，何时何地上调价格、上调幅度等，正是由于这一算法使得司机之间不会展开价格竞争，乘客也无法与司机就乘车资费进行自主协商。此外，优步与司机还存在"一致的合谋动机"，司机与优步公司就车费达成协议时能够认识到其他优步司机与该平台达成了同样的价格协议进而限制了司机之间的价格竞争，进而导致司机间不再展开竞争。优步的这一动态价格算法被乘客质疑涉嫌垄断，纽约南区联邦地区法院在判决中认可了优步这一行为对相关市场造成的负面影响，认定其行为构成垄断："根据优步公司的合同条件和应用程序，期间有可能存在横向的共谋。优步公司的算法系统事实上会遏制司机进行降价竞争，这一行为在使得卡特尔稳定化获得超额利润的可能性提高的同时，以人工智能算法为工具的优步和使用它的出租车司机共谋出租车费用，形成卡特尔垄断。"[2]

　　平台企业固定价格行为在我国也并不罕见。根据《网络预约出租汽车

---

　　[1]　James Surowiecki, "In Praise of Efficient Price Gouging", *MIT Technology Review*, https://www.technologyreview.com/s/529961/in-praise-of-efficient-price-gouging/，最后访问日期：2019 年 10 月 20 日。

　　[2]　U. S. District court Southern District of New York (2016), "Meyer v. Kalanick", Opinion and Order.

经营服务管理暂行办法》，我国网约车溢价实行市场调节价格。以我国某打车平台 A 为例进行分析，目前该平台已经取消了动态溢价，用排队和增加调度费加以替代。尽管该平台声明，调度费将全额支付给司机，但这种调度费机制本质上仍然是在 A 平台的智能算法控制下，以发单时市场供需（如遇到特殊天气、出行高峰时段等）来调整价格波动的一种方式。此外，根据《北京市××网约车价格调整说明》，2019 年 7 月 11 日开始，A 平台对北京市 A 平台网约车价格进行调整，此次调整根据区域、时段进行划分，且采用阶梯式收费制度。[1] 可见，尽管不再采用动态算法的形式，消费者给付的价款事实上仍然由 A 平台事先制定的价格机制决定。而无论是调度费制度还是阶梯式收费制度，事实上都会产生遏制司机进行降价竞争的效果。综上所述，尽管 A 平台采纳的定价机制与优步的动态算法相异，但是消除 A 平台司机之间价格竞争的问题仍然客观存在。

（三）固定价格行为的特征

（1）固定价格行为由平台企业主导，平台内经营者被动接受。经营者自身的矛盾之处在于其主观上也许存在达成协议的动机，但由于互联网平台行业市场的高度集中以及互联网平台中极强的锁定性效应，客观上处于寡头垄断地位的平台并没有给予平台内经营者选择权，因为不加入就意味着直接退出相关市场。具体而言，以网约车平台为例，在网约车平台固定价格模式中，最初加入的车主同意了网约车平台提供的算法，本身并不代表同意了价格操纵的行为，因而其意思联络并不存在。当网约车平台具有一定市场地位后，后续加盟的车主即使充分地了解使用平台可以赚取相同的费率与同等的垄断利润，也难以被确定为垄断协议的参与者，因为其事实上已经丧失了选择权。[2]

---

〔1〕"滴滴出行调整北京市网约车价格"，载 http://www.xinhuanet.com/local/2019-07/09/c_1124730550.htm，最后访问日期：2019 年 11 月 25 日。

〔2〕[美] Mark Anderson, Max Huffman："共享经济遇上反垄断法：Uber 是公司，还是卡特尔，或是介于两者之间?"，时建中、王佳倡译，载《竞争政策研究》2018 年第 3 期。

（2）排除、限制竞争效果更强。互联网平台所管辖或者服务的经营者数量众多，并且突破了地域限制。随着数字经济时代的到来，平台产业的兴起，依靠互联网架构而崛起的网络平台构建起了独有的畅通的信息传递、交换机制，经营者只要采纳这种信息传递机制就能够与平台企业建立合作、交易关系，因而使得网络平台覆盖的范围远远突破了传统产业的地域局限性。在这种情况下，当互联网平台利用智能算法等形式作出固定价格行为时，会直接作用于平台一边的所有经营者，将会影响到平台所覆盖的所有地域市场，而不仅仅像传统产业中的企业一般往往只对某一地区市场产生作用。因此，一旦网络平台主导了定价，其对于市场产生的排除、限制竞争效果也更强。

（四）规制难点

平台固定价格行为难以被认定为《反垄断法》第十三条规定的具有竞争关系的经营者之间达成的横向垄断协议。互联网平台企业不属于行业协会，电商平台并非社团法人，而是单独的营利性组织，因此无法当然适用法律对于行业协会的规制，其行为不能被认定为行业协会组织本行业的经营者从事的垄断行为。此外，即使将法条作扩大性解释，或者将电商平台加入"决定"的可适用主体中，要使用垄断协议条款对该行为进行规制也有一定难度，因为网约车平台模式中，仅存在纵向的协议形式，司机彼此之间的共谋难以把握，并且由于商家数量众多，意思联络也不具有现实性。

平台固定价格行为难以被认定为《反垄断法》第十四条所规定的经营者与交易相对人之间达成的纵向垄断协议。原因在于，第一，在交易的过程中，平台提供的是交易场所，经营者提供商品或者服务，本身并不存在法条中规定的"转售"行为；第二，由于统一的算法下缺乏展开竞争的激励措施，寡头垄断状态下的市场内部形成了稳定的内部环境，在这种稳定的市场条件下，统一算法中的定价基准不再能够代表竞争性的市场价格，那么界定算法的合理区间以及确定共谋的边界都变得困难；第三，在采取固定价格措施的平台的竞争对手能够采取有效措施应对以及数量众多的比价网站兴起的情况下，市场中的竞争机制仍然能够发挥作用，则平台固定价格的行为对市场竞争秩序的破坏作用变得难以证明。[1]

二、平台与经营者之间的最惠国待遇条款

（一）最惠国待遇（Most Favored Nation，MFN）条款的定义

MFN 条款是广泛用于国际贸易领域的条款，在商业合同领域一般指缔约一方给予交易相对人的交易条件不低于其现在或将来给予任何第三方相对人的交易条件。从效果上讲，即缔约一方现在和将来给予任何第三方的更优惠的价格或其他交易条件，也要同样给予缔约对方。[2]从表面上看，MFN 条款是同一行业中上下游经营者之间签订的纵向协议，涉及的是垄断协议中的纵向协议。但在实践中，经营者往往将 MFN 条款大面积"重叠"适用，使得该条款间接波及行业中所有具有竞争关系的竞争者，使得行业内的交易条件趋同，进而引发了横向垄断协议的问题。[3]

（二）相关的典型案例

互联网平台涉 MFN 条款的典型案例包括美国的苹果电子书案、德国 HSR 案、Booking 案等。

1. 苹果电子书案

苹果电子书案的背景为，亚马逊平台的电子书销售采用批发模式，售价被亚马逊平台固定为 9.99 美元，出版商对此表示不满。苹果公司为了抢夺亚马逊公司的电子书市场，设计了"代理模式"和 MFN 条款：代理模

---

〔1〕［美］阿里尔·扎拉奇、莫里斯·E. 斯图克：《算法的陷阱：超级平台、算法垄断与场景欺骗》，余潇译，中信出版社 2018 年版，第 74 页。

〔2〕孙晋、宋迎："数字经济背景下最惠国待遇条款的反垄断合理分析"，载《电子知识产权》2018 年第 12 期。

〔3〕黄勇、田辰："网络分销模式中的最惠国待遇条款的反垄断法分析"，载《法律适用》2014 年第 9 期。

式意味着电子书的零售价由出版商决定，并且苹果公司为出版商设定的价格分为两个档位，最高价格不得超过 12.99 美元和 14.99 美元，即"分层式最高价格"机制（tiered maximum price/pricing tiers with caps），苹果公司的利润来源于抽取电子书零售价的 30% 作为佣金。MFN 条款的签订意味着出版商应当给苹果公司最优惠的价格，如果出版商在第三方渠道的售价低于在苹果公司 iBook 上的售价，则在苹果公司 iBook 中的售价也要相应地下调为市场内最低的零售价。后来的事实表明，几大出版商对电子书都直接实行了顶格定价，由此引发了电子书普遍涨价的情况。

在苹果电子书案中，上诉法院认为，苹果公司与出版商间的行为模式就像车轮子的轴辐形状一样，属于"轴辐式"（hub-and-spoke）的横向定价。苹果公司作为轴心分别与出版商签订纵向协议，但实质上是苹果公司组织出版商形成了横向的价格固定，最终苹果公司在该案中被判令赔偿用户 4.5 亿美金。根据苹果电子书案可以总结借鉴，MFN 条款本身完全合法，但是其与商业模式的结合可能导致限制竞争的消极效果，这样就违反反垄断法相关规定。虽然 MFN 条款形式上表现为有着纵向竞争关系的经营者之间签订的协议内容，但是如果采用了前述代理模式，利用条款固定抬高商品价格，实质构成轴辐协议，便会引起横向共谋的问题。美国法对核心卡特尔依据本身违法原则直接认定行为违法的做法，是司法经验主义的产物，面对经济效果十分复杂的互联网竞争行为，这种方法显得过于武断，容易导致误判。

2. HRS 案与 Booking 案

以 HRS、Booking 为代表的 OTA 行业 MFN 条款的使用为例。传统的旅游或酒店代理服务公司通常是以批发方式购买酒店房间，然后再在自己的渠道上加价销售给最终消费者。而在 OTA 行业中，平台的运营本身并没有房间库存，只是消费者在平台上下订单的情况之下，抽取该房间房价的一定比例作为佣金，平台上的房间价格是由酒店决定的——平台盈利模式在于直接抽取交易额中的佣金部分。

在线酒店预订的分销模式引入了广义 MFN 条款和狭义 MFN 条款的区分，实质上二者的区分根源在于相关市场的不同界定范围。广义 MFN 条款是指，一家 OTA 平台要求酒店给予其最优惠的交易条件（如价格、房型、房间数等）的条款，即该 OTA 平台确保其获得相较于其他 OTA 平台所能获得的最优惠交易条件，如果酒店给予其他 OTA 平台更优惠的交易条件，则其必须享受至少同等优惠的交易条件。狭义 MFN 条款是指，一家 OTA 平台要求酒店给予其不低于酒店自身网站上所公布的最优惠的线上交易条件（主要是价格）的条款，即该 OTA 平台所获得的交易条件将不得低于酒店自身网站上所公布的线上交易条件，但是酒店可以给其他线上预订平台、所有线下销售渠道更有吸引力的交易条件。

以欧盟为例，2016 年伊始，欧盟委员会和相关成员国相继对以 Booking 为代表的在线酒店预订行业，包括欧洲三大主要在线预订平台 Booking、Expedia 和 HRS 发起联合调查，[1]对业内普遍存在的 MFN 条款的合法性等提出了挑战。至今，对 OTA 行业 MFN 条款的排除、限制竞争效果的关注已经扩大到世界范围。在 2019 年 11 月 12 日，俄罗斯联邦反垄断局（FAS）对 Booking 发出警告函，要求其停止使用可能违反反垄断法的广义 MFN 条款。[2]

遗憾的是，欧洲各国的竞争执法机构和司法机构的关注主要集中在 MFN 条款的限制竞争效果上，各执法机构也并没有形成较为统一、体系化的竞争损害理论。大多数欧盟竞争机构都接受狭义 MFN 条款的承诺，并未对于广义 MFN 条款的合法或违法性作出最终判断（英国、法国、意大利等国家最终均以接受平台公司作出的狭义 MFN 条款的承诺而结束调查）。德国联邦卡特尔局早在 2013 年 12 月就在 HRS 案中作出了广义条款违法的

---

〔1〕 Booking、Expedia 和 HRS 三家平台占到欧盟在线酒店预订平台总预订量的 80%~90%。

〔2〕 http://en. fas. gov. ru/press-center/news/detail. html? id=54555，最后访问日期：2019 年 11 月 27 日。

决定。2013 年 12 月 20 日，德国联邦卡特尔局认定德国酒店在线预订服务平台 HRS 在与合作酒店签订合同中设定的 MFN 条款违反德国和欧盟竞争法，因此要求 HRS 于 2014 年 3 月 1 日前在所有影响德国酒店的合同和一般交易条件中删除该等条款。此外，2015 年 12 月 23 日，BKT 在 Booking 案中作出了 Booking 的狭义条款违反了《欧盟运行条约》第一百零一条和相关德国法的决定。这一决定的整体分析思路、框架和 BKT 在 HRS 广义条款案中如出一辙。第一，它认为酒店无法自主定价，本身就违反了德国相关法律。第二，狭义条款并未能够带来事实上的平台之间以及其他销售渠道和平台的竞争。因为酒店不愿意使自己处于竞争劣势。第三，德国始终不能够接受平台搭便车的抗辩，即使它在一定程度上也承认存在这个问题。[1]

值得注意的是，在 HRS 案中，Düsseldorf 上诉法院驳回了 HRS 的裁决，否认了 HRS 主张的 MFN 条款为持续投资下游在线平台的质量创造了激励措施，基于 MFN 条款对下游在线平台进行了持续的投资激励，法院研究发现 OTA 平台在任何情况下都具有相当大的动机来提高其门户的质量，因为基于双边市场的特点，用户越多，平台在供需双方上的吸引力就越大。但在 2019 年 6 月，Düsseldorf 上诉法院的态度出现了反转，撤销了 BKT 禁止 Booking 对位于德国的酒店实行狭义 MFN 条款的裁决。该法院认为涉案条款对于确保"门户网站和酒店经营者之间签订公平的服务合同"是必要的，即有利于防止酒店对预订平台实施"搭便车"行为，因此并不构成对竞争的限制。[2] 2019 年 5 月，瑞典上诉法院同样推翻了涉及 Booking 和瑞典酒店协会 Visita 的一审裁决，认为被上诉人没有提供充分的

---

〔1〕　周丽霞："在线酒店预订平台运营模式引发的限制竞争问题研究——基于欧盟各国对酒店预订行业最惠条款（MFN）存在争议的分析"，载《价格理论与实践》2016 年第 7 期。

〔2〕　Hotelbuchungen im Internet："Enge" Bestpreisklauseln sind zulässig, https://www.olg-duesseldorf.nrw.de/behoerde/presse/Presse_ aktuell/20190604_ PM_ booking/index.php, 最后访问日期：2019 年 11 月 28 日。

证据证明狭义 MFN 条款具有反竞争作用。

可见，目前欧盟各国对于 OTA 行业的 MFN 条款整体呈现出比较宽容的态度，对于排除、限制竞争的效果考虑比较谨慎。

（三）MFN 条款的特征

需要明确的是，苹果公司的抗辩理由认为将其与出版商的行为认定为横向垄断协议则意味着确认商业中惯常使用的 MFN 条款违法，那么法院事实上否定了商业实践中长期存在的惯例，即是对这种商业模式的否认。但上诉法院认为，MFN 条款属于正常的商业条款，其本身是中性的，关键在于运用这一商业条款时产生了何种效果。MFN 条款作为一种广泛适用的纵向交易安排，同时具有积极效果和消极效果。

1. 积极效果

第一，防止"搭便车"行为。在传统的代理模式下，平台代理商利润的主要来源是消费者与供应商交易成功后提取的佣金。但是，消费者可能在享受该平台经营者提供的优质用户体验、信息等售前服务后，转而购买提供更低价格的另一平台代理商所展示的相同产品，使得做大量售前投资但定价较低的平台代理商搭了便车。MFN 条款的使用使得在供应商的控制下，平台代理商之间的价格不存在高低之分，未做售前投资的平台或销售商不能够利用低价获得更多消费者以及更多佣金收入，同时也有利于激励零售商为吸引更多终端消费者的注意，在用户体验、信息抓取、品牌广告等方面进行投资，从而促进整个行业的发展，同时也有利于增进消费者福利。

第二，降低交易成本。一方面，MFN 条款能够有效降低上游供应商与下游经销商或网络平台经营者之间的磋商成本，下游经销商可以通过 MFN 条款打消其不能获得最优价格的顾虑，节约交易成本，有利于获得 MFN 条款的经营者的市场进入，并且能够预防上游经营者的歧视性定价。另一方面，MFN 条款的订立可以降低消费者与经销商或者网络平台经营者之间的交易成本，减少消费者在不同平台间进行比较搜索的时间成本。

第三，减少交易风险。买方与供应商约定 MFN 条款事实上相当于签订了一种保价协议，降低经营者所承担的将来商品或服务可能的降价风险，这对于创新更迭速度极快的互联网市场中的经营者十分重要。[1]

2. 消极效果

第一，构建市场进入壁垒。MFN 条款的使用可能导致上游经营者不愿意降低价格，从而促进横向共谋，限制其他经营者进入市场，[2]产生排除、限制竞争的效果。

第二，促进共谋。MFN 条款的使用使得垄断协议的条件更容易达成。一方面，MFN 条款的使用将促进共谋达成，同一品牌的下游企业之间不可能存在价格竞争，而这种排除竞争的状态由于能够满足下游企业对垄断高价和高额利润的追求，通常下游企业都会选择默认接受。本质上 MFN 条款在下游经销商或网络平台经营者之间建立了价格协议。另一方面，数字经济背景下，数据的应用带来的高市场透明度使得背叛共谋的情况更容易被察觉，同时不遵守共谋的行为也更加容易遭到其他零售商的报复。因此 MFN 条款在促进协议达成的同时，也有利于保证协议的稳定性，从而将达成但未实施、原本存在背叛可能性的垄断协议中排除、限制竞争的潜在风险转化为现实风险，使得这种垄断协议对竞争秩序的危害性大大增加。

（四）规制难点

MFN 条款的反垄断法规制存在以下困境。

第一，MFN 条款形式上属于纵向限制行为。互联网平台经营者大多提供的是网络经营场所、交易撮合、信息发布等服务。以 OTA 平台为例，由于商品的所有权一直属于酒店，未售出的风险也由酒店承担，还由酒店承

---

〔1〕 BRICS Competition Law and Policy Centre, *Digital Era Competition BRICS Report*, p. 513.
〔2〕 吴韬、何晴：“美国'苹果电子书价格垄断案'的争点释疑”，载《法学》2017 第 2 期。

担相应的违约责任和侵权责任,[1]因而它不属于固定向第三人转售商品价格和固定向第三人转售商品的最低价格的行为,难以适用《反垄断法》第十四条进行规制。

第二,通过 MFN 条款达到横向价格一致,因为具有竞争关系的经营者之间不存在意思联络而难以认定为横向垄断协议。我国对于协同行为的认定规定了较为明确的考虑因素。2010 年发布的《反价格垄断规定》第六条规定:"认定其他协同行为,应当依据下列因素:(一)经营者的价格行为具有一致性;(二)经营者进行过意思联络;认定协同行为还应考虑市场结构和市场变化等情况。"显然,在 MFN 条款下这种意思联络是难以证明的,因而难以适用横向垄断协议对其进行规制。

三、数字音乐领域的独家代理行为

(一)数字音乐领域的独家代理行为的定义

音乐版权方与网络音乐服务商作为经营者和交易相对人,可能通过音乐版权专有使用授权合作协议达成有排除、限制竞争目的的协议或者造成排除、限制竞争的后果。具体而言,在录音制作者把信息网络传播权独家授予数字音乐传播主体的独家代理模式中,网络音乐独家代理平台负有将音乐作品进行"转授权"的义务,音乐版权方与网络音乐服务商在自利的驱动下,可能在独家代理合作协议中事先固定音乐作品(网络音乐服务平台间)"转授权"的价格或限定最低价。[2]

(二)数字音乐领域的独家代理行为的特征

数字音乐领域的独家代理行为往往同时具有积极效果和消极效果。

---

〔1〕 孙晋、徐则林:"平台经济中最惠待遇条款的反垄断法规制",载《当代法学》2019 年第 5 期。

〔2〕 宁立志、王宇:"叫停网络音乐市场版权独家交易的竞争法思考",载《法学》2018 年第 8 期。

1. 积极效果

第一，在数字音乐独家授权模式中，数字音乐著作权人与数字音乐服务商之间直接签署独家授权协议，约定有偿将音乐版权通过专有授权的方式让渡给数字音乐服务商使用，不需要著作权集体管理组织的介入。因此，独家授权模式在一定程度上能够减少委托著作权集体管理组织进行转授权所需的高昂管理费，交易成本得以降低。此外，与多家授权模式相比，独家授权模式还能节省多次协商谈判所需的成本。第二，独家授权模式便于打击盗版行为。在数字音乐独家授权模式中，音乐著作权人将部分音乐版权（使用权、信息网络传播权、转授权、收益权和维权的权利等诸多权利）授权给数字音乐服务商，数字音乐服务商通过转授权获得费用是其营利的重要途径，而维护版权的权利则是数字音乐服务商向用户收取版权费的重要保障。如果数字音乐市场盗版行为猖獗，就会直接侵害数字音乐服务商的利益，利益驱动就会倒逼数字音乐服务商积极维护数字音乐版权。[1]

2. 消极效果

如果音乐版权方与网络音乐独家代理商利用其联合优势，以排除、限制竞争或获取高额垄断利润为目的，通过独家代理合作实施维持转授权价格或限定最低价等价格控制行为，就可能构成纵向垄断，违反《反垄断法》。

（三）规制难点

适用横向垄断协议的难点：音乐版权所有权人、网络音乐服务商（平台）音乐版权方通常不是具有竞争关系的经营者，故而二者不符合达成横向垄断协议的主体要件。

适用纵向垄断协议的难点：数字音乐独家授权交易主体达成的纵向垄

---

〔1〕 叶明、张洁："利益平衡视角下的数字音乐版权独家授权模式研究"，载《电子知识产权》2018 年第 11 期。

断协议未必违反《反垄断法》。首先，音乐版权独家代理合作由网络音乐服务商与音乐版权方共同参与且该合作通常以合同方式达成，符合纵向垄断协议的主体要件和表现形式要件。其次，需认定版权独家代理协议的主体是否是出于排除、限制竞争的目的在代理合作中达成固定音乐作品"转授权"价格、限定音乐作品"转授权"最低价等协议，或造成排除、限制竞争的后果。同时，垄断协议的认定同样应通过对相关行为促进竞争和限制竞争的双重效果进行综合比对和评估。最后，需对网络音乐服务商与音乐版权方的实际情形是否符合《反垄断法》规定的豁免标准进行认定。当两者实施的行为被认定构成垄断协议，且不符合豁免标准时，才能够适用《反垄断法》予以规制。

综上所述，只有在某一数字音乐版权独家授权协议对市场竞争产生的消极效应大于积极效应，且实质上排除、限制了相关市场竞争时，该协议才能被认定为违法。

四、关于轴辐协议的特别讨论

（一）定义

轴辐协议，也被称为中心辐射型垄断协议，指一个企业作为轴心（hub）分别与作为辐条（spokes）的上游或者下游企业之间达成纵向协议，但因为各辐条之间的意思联络产生轮缘（rim）而产生一种事实上的横向共谋效果。应当指出的是，轴辐协议这一新型共谋方式在数字经济中表现得尤为突出。前述互联网平台固定价格的行为、平台与经营者之间达成 MFN 条款的行为均可能属于轴辐协议在互联网平台产业中的典型表现形式，因而对轴辐协议进行单独讨论具有必要性。只有厘清轴辐协议的性质才能对上述互联网平台的垄断行为进行有效规制。

（二）争议归纳

关于轴辐协议的性质，学界进行了广泛的讨论，主要观点有轴辐协议属于横向协议、横向与纵向协议的叠加以及其属于有别于横向、纵向的第三种协议三种，具体如下。

刘继峰认为，轴辐协议是横向、纵向协议中的特殊状态，由于其限制的是品牌间的竞争，故实质上仍是横向垄断协议，但其形式是纵向协议。对于轴辐协议的认定，只需进行事实证明，包括证明行为具有一致性（轴心提出了相同的交易条件）、具有意思联络（平行认识而非互相协商）以及把所有主体都作为责任人三个因素。[1]

吴韬结合苹果电子书案的事实经过进行具体分析，指出该案的事实及违法性认定具有高度复杂性，主要表现在该案中纵向垄断协议与横向垄断协议相互交织，既有苹果公司与五大出版商之间签订的纵向代销协议，又有出版商本身之间操纵电子书价格的共谋的横向关系，进而得出苹果电子书案中的垄断协议是纵横交错的垄断协议，是一个横向协议与多个纵向协议相加的结论，并根据网络外部性等经济学理论分析了美国规制垄断协议的传统二分法在复杂的互联网竞争行为适用中的局限性，强调了经济学分析对完善我国"其他协同行为"的证明具有重要意义。

张晨颖在文章中论述了垄断协议的传统二分法因存在灰色地带而具有局限性，二分法的程式下过于关注其应归于横向还是纵向难免本末倒置。其将轴辐协议作为典型例证，论述了轴辐协议在美国实践发展中的争论，分析了支撑传统二分法的经济学理论的局限性，阐述了传统二分法下的基本结构和证明规则难以规制轴辐协议，因而认为其应当归属于第三类协议，表面上协议形式是纵向协议，但暗含的协议是横向共谋，这种分类独立于传统二分法。最后提出了需要对二分法的垄断协议禁止规则予以改造的立法建议，认为需要增加能够涵摄轴辐协议的一般性条款。[2]

---

〔1〕　刘继峰："'中心辐射型'卡特尔认定中的问题"，载《价格理论与实践》2016年第6期。

〔2〕　张晨颖："垄断协议二分法检讨与禁止规则再造——从轴辐协议谈起"，载《法商研究》2018年第2期。

焦海涛从轴辐协议的基本含义出发，说明轴心事实上起到辐条间信息交换媒介作用因而并不一定总是经营者，继而否认了其成为纵向协议的可能性，进而论述了轴辐协议对竞争的损害体现在对辐条间竞争的限制上，是辐条间直接达成横向垄断协议的替代品，从而得出轴辐协议是借助纵向关系达成的横向共谋的结论，指明其区别于纵向协议的关键在于辐条之间的意思联络。[1]

丁茂中认可轴辐协议在学理上应当归为第三类，传统二分法并不周延，但指出若在立法上对其进行单独规制，难以避免单独分类的交叉重叠问题；若取消对垄断协议的分类，采用概括式规定将所有垄断协议行为囊括于一个条文中又会导致《反垄断法》结构性失衡，进而建议取消我国《反垄断法》第十三条、第十四条的兜底条款，设置统一的兜底条款以囊括所有潜在类型的垄断协议。[2]

本书认为，轴辐协议本身是处于同一产业链、同一环节的经营者之间横向合谋的替代工具以及掩饰手段，其实质是借助纵向关系达成横向共谋，属于横向垄断协议，对于轴辐协议中经营者的规制应适用本身违法原则，在证明方式中应采用美国判例中附加因素的考量标准等进行考量，具体观点在下文中详述。

（三）轴辐协议与滥用市场支配地位的关系

欧盟委员会于 2015 年 6 月开始对亚马逊电子书销售业务启动了反垄断调查，认为亚马逊公司和相关出版社签订的协议中的 MFN 条款会使得其他电子书销售商难以与亚马逊公司展开有效竞争。[3]亚马逊公司是欧盟市场中最大的电子书销售商，因此欧盟委员会担心该 MFN 条款会导致其他竞争

---

〔1〕 焦海涛：“反垄断法上轴辐协议的法律性质”，载《中国社会科学院研究生院学报》2020 年第 1 期。

〔2〕 丁茂中：“论规范垄断协议行为的立法完善”，载《政治与法律》2020 年第 3 期。

〔3〕 Press release IP-15-5166, European Commission, "Commission opens formal investigation into Amazon's e-book distribution arrangements".

者很难与亚马逊公司竞争，并且会限制购买电子书的消费者的选择范围。[1]
如果欧盟委员会的疑虑成立，则亚马逊公司和出版商签订 MFN 条款的行为
违反欧盟竞争法中滥用市场支配地位及限制性商业行为的规定。2017 年 1
月，亚马逊公司向欧盟委员会递交和解承诺，其承诺：不再强迫出版商遵
守 MFN 条款的相关规定；允许出版商终止折扣池条款（Discount Pool Pro-
vision）的合同；不再将 MFN 条款相关规定以及折扣池条款放入新的电子
书协议中。[2]

　　同样是运用 MFN 条款限制竞争，苹果电子书案与亚马逊电子书案被划
入反垄断法中两种不同的垄断行为类型。本书认为，通过案例的对比分
析，可以看到轴辐协议与滥用市场支配地位存在如下差别。

　　第一，二者对于主体的市场份额的要求不同。轴辐协议中对于处于轴
心地位的经营者没有市场支配地位的要求，而滥用市场支配地位的垄断行
为必须由具有市场支配地位的经营者实施。这一观点在苹果电子书案中也
有所体现，美国法院在判决中确认在"电子书"这一相关市场中亚马逊公
司所占市场份额高达 90%，显然苹果公司事实上并不具备市场支配地位，
而是通过与电子书出版商分别签订代销协议的方式促成了各出版商之间固
定价格的横向共谋。

　　第二，二者的主体及其主观状态不同。轴辐协议中特殊之处的关键就
在于除轴心的经营者外，作为辐轮的外围经营者也是垄断协议行为的参与
者，外围经营者之间亦存在通过协议行为达成限制、排除竞争效果，进而
获取利益或避免遭受损失的主观意图，即使这种意思联络是难以被证明
的。在滥用市场支配地位行为中，主体仅为具有市场支配地位的经营者，
只有具有市场支配地位的经营者想要通过搭售、附加不合理交易条件等行

---

　　〔1〕　Press release IP-15-5166, European Commission, "Commission opens formal investigation into
Amazon's e-book distribution arrangements".

　　〔2〕　Press release IP-17-137, European Commission, "Commission seeks feedback on commitments
offered by Amazon in e-book investigation".

为排除、限制竞争从而获取超额利润，其交易相对方客观上在滥用行为下是遭受损失的，而并没有作为滥用行为的参与者分享利润。

第三，二者的行为表现一般不同。轴辐协议中对于处于轴心地位的经营者没有市场支配地位的要求，轴心的经营者与外围经营者的限制关系往往依托于交易、代理等法律关系；[1]若经营者具有支配地位，则没有必要与交易对象的经营者——联合进行纵向限制行为，只需要运用其优势地位对交易对象设置统一的交易条件，就能实现其主观目的中的排除、限制竞争效果。在苹果电子书案中，苹果公司与出版商之间采取的是"代理模式+MFN 条款"，而亚马逊电子书案中，亚马逊公司虽然也采用 MFN 条款，但在其承诺中可以看到，亚马逊公司承认这种 MFN 条款是"强迫"经营者遵从的，更大程度上是利用其支配地位的表现。

第四，在有效区分轴辐协议与滥用市场支配地位行为中经营者的行为方式后，从规制方式也能对二者进行进一步的区分。本书认为，轴辐协议属于横向垄断协议，对于轴辐协议中经营者的规制适用本身违法原则，在证明方式中应采用美国判例中附加因素的考量标准，而滥用市场支配地位行为则应适用合理原则进行考量，要对其行为对于市场竞争的影响进行利弊分析，从而确定是否适用反垄断法。这样的做法合理地回应了市场支配地位认定难、取证难、规制难，立法规定僵化、脱离实际的反垄断困境，使得相应行为在不借助滥用市场支配地位认定的前提下即可在反垄断法视野下作为一种垄断行为得以规制。

（四）规制难点

本书认为，轴辐协议本身是处于同一产业链、同一环节的经营者之间横向合谋的替代工具以及掩饰手段，其实质是借助纵向关系达成横向共谋。其中表现为纵向协议形式的轴体只是交流、传递信息的媒介，因而不需要考虑其限制竞争的效果，判断时应当考虑轴心在其中的具体作用，分

---

[1] 郭传凯："美国中心辐射型垄断协议认定经验之借鉴"，载《法学论坛》2016 年第 5 期。

析在形式上的纵向垄断协议的面纱下，事实上是否进行了间接意思联络、产生了横向垄断协议的效果。

在学界对轴辐协议事实上产生了排除、限制竞争效果达成共识的前提下，轴辐协议仍被广泛讨论的原因就在于其难以被反垄断法有效规制。本书认为，对轴辐协议属于横向垄断协议的定性使之能够在现有法律框架下被规制，关键在于对于间接的横向协议认定中辐条间存在共谋的证明。这一证明应当采取和一般意义上的协同行为一致的证明标准，对附加因素进行考量，确定附加因素即推定意思联络的存在。以上文中列举的案例进行分析，以优步案为代表的固定价格行为，以与司机签署协议的方式确定定价规则，此类协议往往是互联网平台提前拟定的格式条款，司机在注册时应当预见其他司机在该互联网平台进行注册时也必须签署相同的协议，因而这种共谋可以被直接推断，不存在意思联络难以固定的情况；在 MFN 条款中，因为上下游经营者与其他外围经营者之间达成的协议是难以固定的，且 MFN 条款的存在客观地对市场竞争具有一定的促进作用，因而需要考虑其他附加因素，从而确定这种协同行为的存在。对于附加因素的考量，可以参考美国 Interstate Circuit 案[1]。在该案中，电影放映商 Interstate Circuit 同时与 8 个电影发行商达成协议，内容为设置远高于协议不存在前的最低许可价，这 8 个电影发行商同时都知晓其他发行商也进行过沟通并且最终接受了这一条款。美国最高法院判决电影发行商对这一条款的接受行为构成了《谢尔曼法》第一条项下的共谋，即对其适用本身违法原则进行规制，原因在于连锁影院和经销商的纵向协议提高了其他竞争对手成本，产生了排除、限制竞争的效果。该案的启发是，只要能通过轴心的单纯单边行为传递了满足协议要件的必要信息，即使没有辐条之间的间接交流，也可以作出直接推定横向共谋存在的认定。具体而言，在认定过程中应当考虑以下问题：两个或两个以上的竞争者与单个上游或下游经营者达

---

[1] Interstate Circuit, Inc. v. United States 306 U. S. 208 (1939).

成了纵向协议，并且这种纵向限制只有在其竞争对手也进入类似协议时才能够为每个竞争者带来利益，促进全部纵向限制的单个上游或下游经营者说服每个竞争者其对手也将采取类似行动，则可以推断共谋的存在。

五、关于算法共谋的特别讨论

（一）算法的定义

算法指的是一种明确、精确的简单操作列表，它们机械地、系统地应用于一套令牌（tokens）或对象中（例如，棋子、数字、蛋糕成分的配置等）。令牌最初的状态是输入，最终的状态是输出。在数字驱动型市场环境下，算法对于经济的影响日益加深。算法能够提高企业的运行效率，不仅仅表现为算法对互联网市场的直接影响，还表现为其他高科技行业都越来越多地将算法运算产生的结果运用到其生产经营中。算法在商业中的应用有多种形式，算法预测（动态价格算法）为重要代表。动态价格算法在商业中的应用表现为经营者可以根据自身的成本、产能或需求情况调整价格，也可以根据竞争对手的价格调整价格，而竞争对手的价格可以使用另一种算法进行监控。[1]

（二）算法对于竞争的影响

1. 积极影响

算法对竞争的促进作用表现在供给、需求两个方面。在供给方面，一方面，算法有助于提高市场透明度，改善现存产品或者推动新产品的开发，能够使得企业持续面临创新的压力，促进动态效率，进而形成良性循环；另一方面，算法在供给侧运用的提升，降低了生产成本，提高了资源利用效率，优化了产品流程，也能够促进静态效率。此外，在需求方面，算法能够协助消费者作出更合理的购买决策，从而左右市场的动态格局。

---

[1] OECD, *Roundtable on Algorithms and Collusion* (21–23 *June* 2017), DAF/COMP/WD, 2017, pp. 9–12.

算法能够帮助消费者进行价格与质量比较，预测市场发展趋势，提升决策速度，进而降低搜索与交易成本，帮助消费者克服对卖方的偏见，作出更为理性的选择，强化买方力量。因此，算法有潜力对消费者福利和社会福利创造积极效应。[1]

2. 消极影响

虽然算法提高了市场效率，但同时也增大了企业的共谋风险。传统反垄断法中规制的共谋行为通常发生于企业数量少、市场透明度高、市场进入壁垒大的寡头垄断市场。但数据的收集和使用将进一步增加在线市场的透明度。从经济学角度看，这种透明度对于市场功能的发挥具有双重作用：其一，帮助消费者进行价格与质量比较，提升决策速度，进而降低搜索与交易成本，帮助消费者克服对卖方的偏见。其二，OECD 的报告指出，"算法可能会影响数字市场中的某些特征，以至于默示共谋可能成为某种程度时，可能将寡头垄断中的共谋行为扩大到非寡头垄断的市场结构中"。[2]由于共谋者本身具有竞争关系，共谋者会出现秘密降价等背叛共谋的行为，但算法可能会降低这种不稳定性。由大量数据带来的信息特别是关于竞争对手的定价信息，可能被企业利用来降低竞争，因为市场越透明可能越强化企业共谋的稳定性，有利于共谋的达成和实施。除在市场透明度高的市场中算法可能加剧共谋外，算法还可能改变这种共谋形成所需的寡头垄断这一市场结构。

（三）算法共谋的表现形式

根据现有竞争法中划分垄断协议的方式，垄断协议被划分为横向垄断协议与纵向垄断协议。OECD 的报告从便利共谋实现的角度对此进行了划分，将共谋类型划分为监视算法（monitoring algorithms）、平行算法（parallel

---

〔1〕 OECD, *Roundtable on Algorithms and Collusion* (21-23 *June* 2017), DAF/COMP/WD, 2017, p. 15.

〔2〕 OECD, *Roundtable on Algorithms and Collusion* (21-23 *June* 2017), DAF/COMP/WD, 2017, p. 15.

algorithms）、信号算法（signalling algorithms）以及自我学习型算法（self-learning algorithms）。[1]

1. 监视算法

监视算法中，算法得以实施的前提是经营者的共谋决策，该算法的主要目的是实现监视和管理卡特尔。[2]在 OECD 的报告中，这种算法被表述为用于收集"有关竞争对手商业决策的信息进行数据筛选以寻找任何可能的偏差，并最终对立即实施的报复进行编程"。[3]监视算法在实践中已经出现相关案例，最早可溯及 1994 年美国航空公司定价卡特尔案，近几年也有新的典型案例出现，包括美国亚马逊海报案，算法设计者 Topkins 建模用于为 Amazon Marketplace 上出售的某些海报确定固定价格，[4]以上案例也证明了算法可以被用于辅助共谋的达成，即在人类意志决定共谋后，算法充当具体工作的执行者这一角色。在这种算法模型中，使用计算机辅助共谋达成并不能使经营者免于反垄断法的制裁。监视算法可以避开不必要的价格战，助长非法协议（illegal agreements），通过经营者之间的监视，使共谋更有效率。然而，由于垄断协议在形成和实现的过程中需要明确的沟通，只要价格和其他交易条件由人类调整，传统的反垄断工具就可以用来防止这种行为。[5]

2. 平行算法

平行算法是指不同的经营者使用相同或相似的算法来确定其提供产品或服务的价格。该模型基于以下事实：不同的经营者使用由同一个第三方

〔1〕 OECD, *Roundtable on Algorithms and Collusion*（21–23 *June* 2017），DAF/COMP/WD，2017，p. 15.

〔2〕 Ezrachi A. &Stucke M. E.，*Virtual competition*：*The promise and perils of the algorithm driven economy*，Cambridge：Harvard University Press，2016.

〔3〕 郭传凯："美国中心辐射型垄断协议认定经验之借鉴"，载《法学论坛》2016 年第 5 期。

〔4〕 Plea Agreement, United States v. David Topkins（April 30, 2015）；Information, Plea Agreement, United States v. David Topkins（April 6, 2015）.

〔5〕 郭传凯："美国中心辐射型垄断协议认定经验之借鉴"，载《法学论坛》2016 年第 5 期。

合作商提供的定价算法。[1]该模型可能比采用相同的定价算法更广泛。在解释平行算法时提到可以通过"将算法的创建外包给同一家IT公司或同一个程序员以建立并行算法";另一方面,市场中大多数经营者使用定价算法时总是使用市场中具有支配地位的经营者的算法策略,"反过来,他们负责编程将价格固定在竞争水平之上的动态定价算法"。[2]优步案中,原告主张优步CEO Kalanick以及利用优步定价算法的司机之间达成共谋限制了价格竞争,损害了乘客利益;[3]立陶宛的Eturas案中,30家旅行社使用Eturas公司的在线预订系统将旅行社的折扣率限制在3%之下,该系统可能限制了适用于消费者的折扣,构成价格共谋。[4]可见,实践中涉及中心辐射型算法共谋的案例也已经出现,在这种情况下的核心问题之一是竞争者是否知道第三方的反竞争行为,或者至少能够合理地预见这些行为。[5]

3. 信号算法

信号算法被设计为根据其可以观察到的市场状况提供特定的结果。[6]这些算法由公司彼此独立地实现。如果算法给出的价格与最优结果相近,则类似于默示的共谋。越来越多的研究开始关注算法共谋的可信度,分析算法在特定的、最具实验性的设定下的具体技术执行。换句话说,对两种或两种以上的定价算法在大学的研究实验室进行测试,让它们在模拟竞争环境的实验环境中进行交互。许多实验结果表明,它们可以达到一定程度的共谋。有学者从计算机学习的角度出发研究了算法,并不是目前所有的算法深度学习都是不可能的,认为在某些程式化案例中,通过算法进行隐

〔1〕 郭传凯:"美国中心辐射型垄断协议认定经验之借鉴",载《法学论坛》2016年第5期。
〔2〕 郭传凯:"美国中心辐射型垄断协议认定经验之借鉴",载《法学论坛》2016年第5期。
〔3〕 United States v. Aston, No. 3:15-cr-00149 WHO (N. D. Cal. Aug. 27, 2015).
〔4〕 Case C-74/14 Eutras, ECLI:EU:C:2016:42, 21 January 2016.
〔5〕 Bundeskartellamt, *Algorithms and Competition*, 2017.
〔6〕 郭传凯:"美国中心辐射型垄断协议认定经验之借鉴",载《法学论坛》2016年第5期。

性串通并不难，并通过交互式算法的模拟论证了深度学习算法在交互中总会意识到经营者共同提高价格才能使得利益最大化。[1]

4. 自我学习型算法

最先进的模型是自我学习型算法。该模型基于与机器学习和深度学习技术配合使用的算法，给该算法一个要实现的目标，例如利润最大化，随后算法本身将确定实现该目标的最佳定价策略。这一类型中，经营者将各种原始数据（raw data）投入人工智能，人工智能对此加以分析，针对市场状况计算出最佳战略，此时经营者对其人工智能是否向竞争者发出信号，人工智能通过怎样的过程得出的结论都是无从知悉的。使用具有自我学习能力的人工智能，可能会发生和共谋相同的结果，而自我学习型算法的使用经营者可能不会认识到这个过程。但是如果市场状况很容易形成串谋局面的话，比人类学习速度更快的算法经过高速的反复试错，最终达到合作均衡（cooperative equilibrium）的可能性将更高。[2]但 OECD 报告指出，目前尚不清楚自我学习型算法是否已经在数字市场中导致了共谋结果或者这类共谋发生时是否能够被发现，因为机器学习导致的共谋结果只能通过效果去观察，而无法通过形式去判断，人类无法知悉细节。

（四）算法共谋的规制路径

1. 责任承担

算法共谋中涉及的主体包括算法的开发者以及算法的使用者，甚至在自我学习型算法中算法本身也可能成为主体，由此明确责任分担必须对算法共谋行为进行违法主体判断。在监视算法、平行算法、信号算法中，算法依然以人设计的模型运行，因而产生排除、限制竞争效果的仍然是人的意志因素，在这种情况下要进行判断的是算法的设计者及使用人是否存在

---

[1] Deng, A. (2018b): "What do we know about Algorithmic Tacit Collusion", https://papers. ssrn. com/sol3/papers. cfm? abstract_ id=3171315.

[2] [韩]尹玟燮: "韩国人工智能规制现状研究"，栗鹏飞、王淼译，载《上海政法学院学报（法治论丛）》2018 年第 6 期。

利用算法进行排除、限制竞争的主观故意以及算法使用所产生的效果是否有利于前二者。在此三种算法中，判断共谋行为的难点在于对于主观故意证据的证明标准的判断。对于证明标准的判断，可以根据间接推断出的协议的间接事实或因素，对算法共谋进行捕捉。其中需要注意的有：第一，并非所有算法都旨在协调竞争对手之间的价格；第二，如果促进效果是来自数字算法的自身属性，这些效果不应与"使用算法的促进效果"相混淆；第三，如果将算法与其他有助于协调的实践相结合，则评估应同时考虑算法和其他实践；第四，分析应将算法分类为有助于市场参与者的算法和促进竞争者之间协调的算法。[1]

在自我学习型算法中，算法的运行模型已经不再完全由人的意志控制，因此主体的衡量成为判断共谋主体的一大阻碍。但本书认为，一方面，法律主体应当对其行为负责，若产生排除、限制竞争效果，则必然要承担其设计、适用该算法的这一行为的责任，因为其作为市场主体具有遵循《反垄断法》的法定义务；另一方面，根据《反垄断法》的立法宗旨，《反垄断法》的设立旨在保护公平竞争秩序，维护其他经营者以及消费者的合法利益。虽然在自我学习型算法中，适用该算法对于设计人、使用人所产生的积极效果并非出其主观故意，反垄断执法机构也可以从立法宗旨出发，考虑适用公平责任的归责原则，通过周期性的罚款等措施禁止共谋行为，进而做到维护市场的公平竞争秩序，保障公共利益。[2]

2. 建立理性算法规则

在互联网平台企业大量运用大数据的情况下，反垄断执法机构也应当加强对于数据的把握，进而从根源上遏制垄断行为的产生。针对算法共谋问题，执法机构应当采取数字化的监管措施，促进理性算法规则的建立。具体而言，反垄断执法机构应当运用能够测试共谋可能性的算法对经营者

---

[1]　Gal, M. S., "Algorithmsas illegal agreements", *Berkeley Technology Law Journal* (*Forthcoming*), 2018.

[2]　李振利、李毅："论算法共谋的反垄断规制路径"，载《学术交流》2018年第7期。

即将以及正在市场中运用的算法模型进行检测，通过算法测试是否会产生共谋或竞争，以识别何时会产生共谋或竞争，进而对经营者的算法提供修改意见，保障市场中的算法的公平性。

第三节　互联网平台垄断协议的规制路径

一、立法建议

反垄断法的立法宗旨在于维护市场公平竞争的环境，而不是针对竞争者之间的商业模式作出判断，因而不能通过司法、执法强制经营者选择其认为合适的商业模式。反垄断机构以及法院均不能承担替企业做商业决策的责任，而是需要考察某种行为对市场竞争产生的效果，并采取相应措施。

基于以上行为存在规制困难的问题，我国《反垄断法》修订时应注意以下问题，并采取针对性的修改。

（一）扩大垄断协议行为主体范围

1. 明确平台的主体地位

明确互联网平台企业不得组织平台内经营者实施垄断行为；对行业协会的规定为"组织本行业的经营者达成垄断协议"，明确非组织者、促成垄断协议达成者也是横向协议的主体（如苹果电子书案中，苹果公司与出版商之间的谈判使苹果公司成为横向协议的主体）。

2. 从主体适格层面讨论"算法共谋"问题

面对"算法共谋"及其人工智能对传统法律关系造成冲击等新型问题，从反垄断法的层面上应当从分析"算法共谋"行为的本质入手，对信使类、轴辐类、预测类、自主类"共谋"的行为原理进行解构，找到最终的"行为人"，从而决定是否将算法纳入修订后的《反垄断法》垄断协议行为的实施主体范围中。本书认为，首先在算法的法律属性上，学术界仍存在较大争议，直接将其纳入垄断协议行为的主体范围中并不能对上述问题作出解释；其次实践中并未产生"自主类共谋"行为的案例，尚不具有证明算法能够基于自身"意志"达成并实施垄断协议的证据，因此不应当将算法作为垄断协议实施主体写入《反垄断法》。

然而，数字信息技术的飞速发展为经营者实施减少甚至消除竞争的共谋行为提供了更为隐秘、高效的途径。长期以来，算法被误解为中性、公平的"推理"，[1]依靠其产生的决策被视为解决人类决策信息不充分与主观偏见的"良方"。但是算法背后是靠算法逻辑与运行数据支撑，其对数据的收集存在极大的偶然性，算法逻辑的设计也不能保证其运行目标与规则的公平与客观，一切均依赖于数据收集者、算法设计者的主观。在平台竞争中，很难保证经营者不依靠设计特殊算法以实现在价格、产量或服务方式等方面的通谋，达到削弱相关市场竞争的效果。因此，应在《反垄断法》中加入"禁止经营者利用数字信息技术等手段达成本章所禁止的垄断协议"等对应条款，以应对数字时代垄断协议主体与其客观违法行为之间的界线逐渐模糊化的趋势。

（二）增加列举典型纵向非价格垄断协议行为

适当扩大纵向垄断协议的范围，不再限于固定价格行为，用以校正互联网平台利用非价格限制形成的纵向一体化，否则无疑增加了数字经济时代对互联网平台实施非价格共谋行为的规制难度。

纵向非价格限制一直是反垄断规制的混沌地带，欧盟、美国等主要法域在纵向非价格垄断协议的类型化上分道扬镳，中国更是无专项法律规定以及案例，在非价格纵向限制领域尚处完全空白。[2]纵向非价格限制相较于固定转售价格等价格纵向限制在表现形式与竞争效应上更为复杂，比如

---

〔1〕　Thomas H. Cormen & Charles E. Leiserson & Ronald L. Rivest & Clifford Stein, "Introduction To Algorithms", *MIT Press*, 2009, p. 5.

〔2〕　江山："论纵向非价格限制的反垄断规制"，载《法律科学（西北政法大学学报）》2020 年第 1 期。

在产业链中削弱"品牌内"（同一品牌下游或上游经营者）的竞争可能会促进"品牌间"（不同品牌的经营者）的竞争。如上所述，非价格纵向限制行为的作用方式一般分为两类：直接影响"品牌内"竞争的行为与直接影响"品牌间"竞争的行为。基于纵向垄断协议限制市场竞争的机理，可通过排除、限制产业上下游经营者相关市场的竞争来实现一体化从而可能给当事人带来控制产出、提高价格的能力。[1]《反垄断法》对垄断协议中纵向非价格限制行为的规制，着眼点应在于对"品牌内"限制行为的调整，如排他性分销[2]与排他性供应[3]、选择性分销[4]、设置"进场费"[5]等。[6]而"品牌间"纵向非价格限制行为，如搭售、排他交易等行为，现行《反垄断法》在第三章（滥用市场支配地位）中已有规定，且其对限制竞争的作用机理亦属滥用市场支配地位行为规制为佳。为应对互联网平台竞争中非价格纵向垄断协议愈演愈烈的趋势，应于《反垄断法》中加入"禁止限制经销商实施被动销售的地域限制或者客户限制""禁止限制经销商之间交叉供货的地域限制或者客户限制"条款。

（三）确认默示共谋行为的违法性

1. 数字技术突破传统协同行为范式

数字经济时代，利用平台双边市场的特性，信息的"交流"变得更加细微化，更加透明的市场信息使得平台经营者能够凭借算法、数据等工具及要素达成更为隐秘的协商，无需交流即可达成合意，从而作出一致性的商业反应。在当前互联网平台市场竞争中，依靠新型数字技术而实现的算

---

〔1〕 许光耀：《垄断协议的反垄断法调整》，人民出版社 2018 年版，第 373 页。

〔2〕 供应商同意为转售的目的在特定地域内或针对特定类型客户仅对某一分销商供货，且该分销商不得向其他排他性分销地域或客户群体进行主动销售。

〔3〕 供应商被要求或被诱导仅仅或主要向一个购买方为普通或特别用途而销售合同商品。

〔4〕 通过与产品性质相关的选择标准限制授权分销商的数量，同时禁止向非授权分销商销售。

〔5〕 经销商所收取的供应商进入其零售网络并接受服务的费用。

〔6〕 以上非价格纵向限制行为解释，参见 European Commission Notice, Guidelines on Vertical Restraints, pp. 45-61, SEC（2010）411 final.

法共谋、轴辐协议等默示共谋行为频频出现，而这种心照不宣的共谋在当前我国《反垄断法》中仅能通过协同行为去解释，但根据国家市场监督管理总局颁布的《禁止垄断协议暂行规定》第五条第三款所述，"其他协同行为是指经营者之间虽未明确订立协议或者决定，但实质上存在协调一致的行为"，此条款将协同行为的判别重点放在了经营者之间作出行为的一致性上。虽然在本规定第六条中，执法机关加入了"意思联络"与"信息交流"两个认定协同行为的要素，为以非协议形式达成的垄断协议提供了认定要件，但因其并未对方式与程度进行解释，也就很难证明经营者单纯凭借市场信息而作出的一致行为是否符合"意思联络"与"信息交流"的要件，难以被认定为协同行为。对于有合意无协商的默示共谋行为，在立法上应当作出回应，在概念上明确其属于协同行为，以保证该行为被《反垄断法》规制的确定性，避免争议。

2. 默示共谋行为的识别路径

波斯纳为认定默示共谋行为提供了一条经济学路径：首先识别默示共谋可能出现的市场条件，进而判断市场中哪些表现能证明默示共谋行为的存在。[1]反垄断机构可通过指定指南的方式对默示共谋所需的市场条件、行为表现进行确认，增强《反垄断法》可预见性的同时，也能够对互联网平台等市场经营者起到警示作用。

（四）进一步完善宽大制度

1. 平台间达成的长期卡特尔使宽大制度难以发挥效用

在经济学分析中，以卡特尔的持续时间与行为周期为界，可将卡特尔分为短期与长期两种形式。在短期卡特尔中，通谋参与者仅考虑该次博弈对自身利益的影响，因此在短暂的卡特尔周期内，不选择合作而是选择互相揭发，即出现囚徒困境，才是卡特尔成员的合理选择。这是由于短期卡

---

〔1〕［美］理查德・A. 波斯纳：《反托拉斯法》，孙秋宁译，中国政法大学出版社 2003 年版，第 81 页。

特尔的不稳定性，成员间达成的垄断协议缺乏高精度的监视，也缺乏可惩罚背叛成员的报复手段，因此针对短期卡特尔行为，宽大制度对成员更具有吸引力。然而在长期卡特尔中，成员之间依赖性较强，使得卡特尔具有了惩罚背叛者的能力，比如利用卡特尔所拥有的某原材料市场的定价能力排挤背叛者。适当的报复策略可令成员遵守自我卡特尔协议或决定，并且长期稳固的卡特尔能够令各成员的自发行为与策略选择产生信号功能，各成员通过某一成员的市场表现即可获取协议信息，无需交流。如电子商务平台利用互联网中透明化的企业信息，各平台很容易捕捉到其他竞争对手的商品价格、产量销量等信息，通过及时跟进作出一致性的商业决策，无需意思联络即可使得各平台间形成价格同盟，进而损害消费者利益。这种默示共谋下的长期卡特尔加大了执法机关的调查难度，其隐秘性与牢固性使得宽大制度基本无用武之地。

2. 《反垄断法》中的宽大制度

我国《反垄断法》第四十六条第二款规定："经营者主动向反垄断执法机构报告达成垄断协议的有关情况并提供重要证据的，反垄断执法机构可以酌情减轻或者免除对该经营者的处罚。"至此，我国反垄断规制体系中引入了宽大制度。2019 年 9 月 1 日施行的国家市场监督管理总局《禁止垄断协议暂行规定》第三十三条、第三十四条分别就宽大制度中经营者主动报告的"重要证据"范围与举报顺序量罚幅度（以下统称"占位"[1]机制）作出了细化规定，并且将主动报告的范围明确到执法机构启动调查前即可适用。[2]但是仅依靠上述两条规定仍无法满足宽大制度的程序要求，需要指定专项宽大制度实施指南来明确宽大程序与幅度。

---

〔1〕 林文、甘蜜："我国反垄断宽大制度及其完善"，载《经济法论丛》2017 年第 2 期。
〔2〕《禁止垄断协议暂行规定》第三十三条第二款规定："重要证据是指能够对反垄断执法机构启动调查或者对认定垄断协议起到关键性作用的证据，包括参与垄断协议的经营者、涉及的商品范围、达成协议的内容和方式、协议的具体实施等情况。"从中可知，经营者在执法机构启动案件调查前主动报告的适用宽大制度。但该规定并未明确"启动调查"是否以立案作为时间点，仍有待明确。

《禁止垄断协议暂行规定》设置了"占位"机制，但尚不具有可操作性。在国家发展和改革委员会起草的《横向垄断协议案件宽大制度适用指南（征求意见稿）》第七条规定，经营者可先向执法机构提交与其参与的垄断协议有关的初步报告，若经营者能够在不超过30天（特殊情况可延长到60天）的期限内补齐其他资料及重要证据，则以执法机构收到初步报告的时间点作为报告申请宽大的时间；然而第九条却规定提交宽大的正式申请材料不完整或形式不满足要求的，以最后收到符合要求的补正材料的时间点作为正式申请宽大的时间。如果按照上述两条规定，A经营者与B经营者于同日分别提交了初步报告与正式宽大申请，则A与B如何区分报告顺序？如果B经营者宽大申请材料需补正，则正式提交宽大申请的B经营者反而比只提交初步报告的A经营者的顺序靠后，有悖宽大制度的设立初衷。基于《横向垄断协议案件宽大制度适用指南（征求意见稿）》这一规定上存在的矛盾，本书认为，申请宽大的时间点应当以一种材料的提交为准；同时结合互联网竞争的动态性特征，减少因垄断协议造成的社会总福利损失，鼓励平台经营者尽早报告，以提交初步报告的时间点作为唯一的报告顺位基准更为有利。

3. 额外宽大制度的引入

另外，适用宽大的行为范围当前限定在了报告者所参与的垄断协议中，未规定额外宽大制度，不利于鼓励报告者的积极性。澳大利亚竞争和消费者委员会（ACCC）在其《卡特尔行为的豁免与合作政策》中设置了额外宽大制度（Amnesty Plus），指宽大申请人就其揭发的第一个卡特尔行为本不能获得宽大，此后该申请人揭发了与前一卡特尔行为无关的又一独立卡特尔行为，该当事人可在后一卡特尔行为中获得宽大的同时，可就前一卡特尔行为申请额外宽大。[1]额外宽大制度对于激励参与者告密能够起

---

[1]　ACCC immunity & cooperation policy for cartel conduct，载 http://www.accc.gov.au/publications/accc-immunity-cooperation-policy-for-cartel-conduct，最后访问日期：2016年10月21日。

到正向的促进作用，增加告密者背叛卡特尔后所持的筹码；同时也能够为执法机构提供额外的违法行为线索，提升执法效率。不过本书也注意到，额外宽大制度需要有准确、透明、细致的宽大适用标准，需要给予经营者足够的"预判"空间，使得宽大申请人获得申请成功的较大预期。否则，在先申请宽大失败的前提下，申请人对后续的额外揭发积极性将大大降低，此项制度很难达到预期效果。

二、执法建议

前文分析了互联网平台竞争中具有的新特点，对互联网平台竞争中出现的典型垄断行为进行了梳理，在立法层面上找出现行反垄断法律规制体系上的不足，并结合平台竞争特点提出了针对性的立法修改建议。但仅依靠文本规定并不能解决平台竞争中的垄断问题，反垄断执法实践工作中还需要对已有法律规定、指南文件中确定的要素加以选择适用，发展出建立以法律规定为基础的分析路径。本书对执法机构规制互联网平台竞争垄断行为提出以下几点建议。

（一）共谋行为的规制认定

互联网时代默示共谋行为愈演愈烈，结合互联网平台竞争特点与波斯纳提出的要素，执法者应当首先识别该共谋行为可能出现的市场条件，再判断市场中哪些表现能证明默示共谋行为的存在。

在市场条件方面，以平台竞争为例，经营者维持共谋的难度较低，因为如下几点原因：各经营者的市场结构应当较为集中；同时平台所提供的产品与服务同质性较强；平台所处的整个多边市场中的角色较为单一，跨环节、多角色的平台会降低卡特尔的稳定性；平台之间的竞争以价格竞争为主，非价格的竞争（如服务、宣传竞争）难以使各经营者之间判断彼此之间的商业动向。除此之外，参与共谋的各经营者所面对的市场压力较小。竞争者（特别是小的经营者）少，以便通过共谋消除竞争；进入壁垒较高，新进入者很难在短时间内参与竞争，社会总产出大幅变动的概率小；平台多边的客户较为分散，买方力量较小。最后，平台间可能基于合作、交易等关系，曾进行过相关商品或服务的意思联络或者发生过共谋。满足上述市场条件，默示共谋的相关卡特尔行为才有可能发生，因此判断经营者进行共谋所具备的市场条件，应当是执法机构行为路径的第一步。

　　在确认具有可能出现默示共谋行为的市场条件基础上，出于该行为无意思联络与信息交流的特点，需要以间接证据来证明共谋存在。波斯纳指出，相关市场中大企业的市场份额一直稳定，整个市场中存在广泛的价格歧视，卡特尔形成时会带来相关市场商品或服务的价格、产出以及生产能力发生显著变化等，这些能构成经济学上证明共谋存在的间接证据。[1]

　　（二）谨慎使用强制公开算法或禁用数据

　　面对算法与数据的挑战，强制经营者公开算法与禁用数据被认为是最直接的执法措施。2017年今日头条曾深陷违规风波，所有的矛头均指向其信息推送算法。面对舆论压力，2018年今日头条委托资深算法架构师曹欢欢博士公开其算法，声称这一做法能够"推动整个行业问诊算法、建言算法；通过让算法透明，来消除各界对算法的误解，并逐步推动整个行业让算法更好地造福社会"。[2]但直接地强制公开算法原理甚至源代码并非有效提升平台运行透明度的方式，从社会公众与执法机关的角度看，他们缺乏专业能力去验明公开算法的真实性与反竞争性；从经营者角度思考，算法与数据在数字经济时代可能是一个企业赖以生存的基础，是其商业模式

----

〔1〕　以上有关"市场条件""间接证据"的讨论是本书基于波斯纳提出的经济学分析，结合互联网平台市场竞争特点所提出的自身理解。对于上述经济学因素、证据的经济学分析，囿于报告主题，本书便不再展开，参见［美］理查德·A.波斯纳：《反托拉斯法》，孙秋宁译，中国政法大学出版社2003年版，第81~108页。

〔2〕　"今日头条算法原理（全文）"，载 https://www.toutiao.com/i65112111820 64402951/?tt_from=weixin_moments&utm_campaign=client_share&from=singlemes-sage&timestamp=151607 6329&app=news_article&utm_source=weixin_moments&isappinstalled=0&iid=234918470 49&utm_medium=toutiao_ios&wxshare_count=11&pbid=6511586584332518916，最后访问日期：2019年12月18日。

的起点，是其获得竞争优势的关键所在。强制公开算法或禁用数据，并不一定能够实现反垄断执法目标，相反会破坏企业的正常竞争行为，降低企业的创新热情，不利于行业的整体发展。所以执法机关应坚守《反垄断法》的谦抑性原则，减少不当干预的实施，避免矫枉过正。但这不代表着执法机关要放任平台利用算法与数据达成限制、排除竞争的垄断协议。监管部门应加强人才队伍建设，运用监管算法，跟踪平台经营者的经营行为，获取经营者竞争行为的实时动态数据，如平台的定价、对平台各边用户许可协议的变更等，以此跟进平台经营者利用算法实施的商业行为，识别单凭人工执法无法或极难发现的隐蔽共谋信号，比如平台间频繁交换的商业信息、即时的一致行为等，据此提升监管能力。

第五章

互联网平台滥用市场支配地位的反垄断规制

第一节　滥用市场支配地位行为的构成要件

我国《反垄断法》第六条对市场支配地位作了原则性规定，第十七条以列举的形式归纳了经营者滥用市场支配地位的行为。[1]若经营者的滥用行为需要受到《反垄断法》规制，则必须满足主体、行为、后果三大要件。

一、主体要件——经营者具有市场支配地位

经营者具有市场支配地位是滥用行为的前提，如果某经营者不具有控制、主导市场的能力，即使其实施了反竞争行为，也不会对相关市场造成排除限制竞争的后果。认定企业是否具有市场支配地位主要依据三种标准，即市场结果标准、市场行为标准、市场结构标准。

---

[1] 《反垄断法》第十七条规定："禁止具有市场支配地位的经营者从事下列滥用市场支配地位的行为：（一）以不公平的高价销售商品或者以不公平的低价购买商品；（二）没有正当理由，以低于成本的价格销售商品；（三）没有正当理由，拒绝与交易相对人进行交易；（四）没有正当理由，限定交易相对人只能与其进行交易或者只能与其指定的经营者进行交易；（五）没有正当理由搭售商品，或者在交易时附加其他不合理的交易条件；（六）没有正当理由，对条件相同的交易相对人在交易价格等交易条件上实行差别待遇；（七）国务院反垄断执法机构认定的其他滥用市场支配地位的行为。本法所称市场支配地位，是指经营者在相关市场内具有能够控制商品价格、数量或者其他交易条件，或者能够阻碍、影响其他经营者进入相关市场能力的市场地位。"

市场结果标准是依据企业在相关市场的利润来推断其市场支配地位。当一个产品的成本与售价差异太大以至于产生不符合市场规律的营利时，就推定该企业可以排除限制竞争，从而具有市场支配地位。[1]

市场行为标准是根据经营者的行为来认定市场支配地位。当企业在经营时无需考虑其他企业的经营策略时，就认定该企业具有市场支配地位。但该标准具有较强的主观性，实践中操作较为困难。

市场结构标准是依据市场份额来确定市场支配地位，因此也可被称为市场份额标准。该标准可操作性较强，因此为美国、德国等大多数国家所适用。

我国《反垄断法》从企业在相关市场的控制主导地位及排除限制竞争的能力两方面来认定市场支配地位，具体是指经营者在相关市场具有能够控制商品价格、数量或者其他交易条件，或者能够阻碍、影响其他经营者进入相关市场能力的市场地位。

市场支配地位具有如下特征。

第一，企业的市场主导地位应达到一定水平。价格的提高不会导致消费者和销售额的流失，依靠市场本身的力量无法消灭"垄断"这种状态，也就是"无形的手"无法发挥作用，这需要反垄断机关进行规制。

第二，企业的市场主导地位可持续一段时间。也就是说在短期内，其所具有的控制能力不会轻易被取代。

第三，企业的市场支配地位有限制范围。这就是相关市场，需要分析相关市场的竞争状态和进入门槛，然后根据市场份额确定优势地位。

二、行为要件——经营者实施了滥用行为

经营者具有市场支配地位本身并不违法，《反垄断法》规制的是利用市场支配地位实施的限制、排除竞争的行为。滥用行为多样且在不断变

---

[1] 参见王晓晔：《反垄断法》，法律出版社2011年版，第199页。

化，因此各国往往采用原则性禁止加列举的方式规定滥用行为。我国《反垄断法》也采取该体例，在第六条作出原则性规定，在第十七条列举了滥用行为包括不公平定价、掠夺性定价、价格歧视、附加不合理的交易条件等。

三、后果要件——排除、限制及损害竞争

我国《反垄断法》突破交易行为自治性的正当性就在于经营者的滥用行为破坏了市场秩序。如果经营者的行为并没有排除、限制竞争或者对竞争影响不大，则不能将其纳入规制范围。

排除、限制竞争的后果不要求已经实际产生，对于可预期的后果可以提前规制，但在认定方面必须要有确切的证据和合理的推断论证，保持审慎的态度，否则极有可能损害经营者的正常竞争活动。

第二节　互联网平台市场支配地位的认定

我国《反垄断法》采用市场结构因素为主，非结构性因素为辅的方法认定市场支配地位。依据市场份额在相关市场所占比例来推断，对传统行业来说具有可操作性。但在互联网平台中，平台经济的独特属性使得高市场份额和支配地位之间的联系可能并不紧密，而市场份额的计算也更为困难。对互联网平台而言，市场份额与其是否在相关市场占据了支配地位的相关程度相对较弱，更多需要考虑动态竞争、用户多归属与网络效应、技术创新能力、数据控制能力的影响。

一、市场份额计算作用弱化

我国《反垄断法》采用市场份额推定的方式来判断企业是否具有市场支配地位，市场份额标准因为操作性较强而被大多数国家采用。在传统行

业中，市场份额是指一定时期内经营者的特定商品销售额在相关市场所占的比重，但在互联网平台中，仍然使用传统行业的市场份额计算方法较为困难。

（一）相关市场界定困难

计算市场份额的前提在于划分了边界明晰的相关市场，确定了该产品或者服务的竞争范围。但在互联网平台中，如何界定相关市场本身就极具争议性。

首先，互联网平台与传统行业不同，属于双边市场甚至多边市场，一个平台的有效竞争范围因此变成了两个甚至更多，且连接的竞争市场也因为具有交叉网络外部性相互影响。在双边市场下，互联网平台盈利模式往往是在一边市场免费以获得注意力资源，凭借注意力资源在另一边市场收费获取利润。[1] 由于两边市场关联性紧密，因此反垄断机构对交易平台市场力量的衡量必须用双边市场予以考察，而不能只考虑一边用户，不考虑另一边和双边之间的网络外部性。[2] 现有的界定方法无法对市场反应做到全面、科学的分析。例如，搜索引擎平台，一边连接着广告市场，一边连接搜索服务市场。一方面，搜索引擎的运营需要广告收入的支持；另一方面，搜索引擎用户的增长及知名度的提高也会带来广告收益的增加。因此，广告主不仅要考虑该平台收取的广告费用，也要考虑其所拥有的注意力资源，即使用搜索服务的用户。

在百度竞价排名案中，司法机关将百度界定为搜索引擎服务市场，认为搜索引擎服务，是指服务商根据网络用户的搜索请求，利用一种互联网应用软件系统，在对相关网页进行搜索和抓取后，经过一定的处理和组织，将查询到的结果反馈给网络用户的互联网信息查询服务。虽然随着互联网技术的快速发展，除了搜索引擎服务，网络新闻服务、即时通讯服

---

[1] 于馨淼："搜索引擎与滥用市场支配地位"，载《中国法学》2012年第3期。

[2] Rochet J & Tirole J, "Cooperation among competitors: some economics of Payment Card association", *Rand Journal of Economics*, Vol. 2002 (3).

务、电子邮件服务、网络金融服务等互联网应用技术在广大网络用户中也具有较高的使用率，但搜索引擎服务所具有的快速查找、定位并在短时间内使网络用户获取海量信息的服务特点，是其他类型的互联网应用服务所无法取代的，搜索引擎服务本身可以构成一个独立的相关市场。但法院同时否定了被告对相关市场的界定方法，认为根据目前我国搜索引擎服务的现状，网络用户确实不需要向搜索引擎服务商支付相应的费用，但作为市场主体营销策略的一种方式，部分产品或者服务的免费提供常常与其他产品或服务的收费密切结合在一起，搜索引擎服务商向网络用户提供的免费搜索服务不能等同于公益性的免费服务，它仍然可以通过吸引网络用户并借助广告等营销方式来获得现实或者潜在的商业利益。[1]法院的该界定因存在内在矛盾而受到诟病，法院从一般用户的角度出发认定相关市场是搜索引擎服务市场，而在否定被告的抗辩时，法院则是从广告主角度出发认为搜索引擎服务不能算是免费服务。[2]事实上，由于外部效应，搜索引擎服务市场的用户规模与广告市场是相互影响的，如果某一边提供产品或者服务的价格或质量发生变化，将直接影响用户对该边的使用，并间接影响对另一边的使用，在这一基础上界定相关市场必然准确性不足。

其次，互联网平台大多采用"免费"的经营模式，这种经营模式给相关市场的传统界定方法——SSNIP 测试法带来了难题。平台的免费性意味价格为零，此时有幅度的涨价就失去了计算基础。在该情况下，SSNIP 测试法不能精准衡量产品替代程度以及对竞争的影响。虽然有学者对互联网平台"免费性"提出质疑，认为用户虽然没有支付价格，但是付出了注意力成本与个人信息成本，这也是平台收益的前提。[3]但如何精确衡量注意

---

〔1〕　参见北京市第一中级人民法院（2009）一中民初字第 845 号民事判决书。

〔2〕　李剑："双边市场下的反垄断法相关市场界定——'百度案'中的法与经济学"，载《法商研究》2010 年第 5 期。

〔3〕　承上："互联网领域免费行为的反垄断规制——以消费者注意力成本与个人信息成本为视角"，载《现代经济探讨》2016 年第 3 期。

力成本与信息成本如今仍然是一个难题。

最后，互联网平台已经具有了规模经济与范围经济的发展趋势，一个特定类型的平台通过跨界经营，将主营产品的优势辐射到其他相关市场，进而在拓宽盈利渠道的同时，维持其优势力量，因此形成一个平台生态系统。这使得不同互联网平台之间的边界更为模糊，使用传统的替代分析法以及 SSNIP 测试法也将陷入困境。

（二）销售额难以计算

传统企业通过企业内部产生的销售额所占相关市场销售额的比重来计算市场份额，但如前所述，互联网平台的相关市场界定困难，无法提供清晰的边界。另外，互联网平台的"免费性"使得销售金额的计算无法实现，传统方法所依赖的货币价格数据也不再适用。[1]

国家市场监督管理总局 2019 年 6 月发布的《禁止滥用市场支配地位行为暂行规定》第十一条对认定互联网经营者市场支配地位作出了特殊规定：可以依据用户数量、网络效应等因素综合认定。[2]基于销售额难以计算，有观点认为可以通过销售数量即用户量计算市场份额。由于互联网平台的网络外部性特征，用户往往会选择销售量大即用户量多的平台，销售量更可以体现互联网平台的规模以及优势地位，因此选择用户量作为市场份额的标准具有一定的可行性。但值得注意的是，平台的注册数量与活跃用户量往往存在较大差别，活跃用户量更能体现出平台规模；另一种观点是：平台规模并非通过互联网产品的注册数量体现，因为对互联网企业而言，其产品的最大价值来自用户的注意力，注意力对互联网企业是一种稀缺资源，将信息需求者（或者称准用户）吸引到自己的产品或服务上来并

---

〔1〕 杨文明："市场份额标准的理论反思与方法适用——以互联网企业市场支配地位认定为视角"，载《西北大学学报（哲学社会科学版）》2014 年第 3 期。

〔2〕《禁止滥用市场支配地位行为暂行规定》第十一条规定："根据反垄断法第十八条和本规定第六条至第十条规定认定互联网等新经济业态经营者具有市场支配地位，可以考虑相关行业竞争特点、经营模式、用户数量、网络效应、锁定效应、技术特性、市场创新、掌握和处理相关数据的能力及经营者在关联市场的市场力量等因素。"

完成点击或访问，互联网企业的产品或服务价值才算实现。因此，互联网企业的用户规模可以通过统计流量或访问量来评估，市场份额也因此而得出。[1]但对于淘宝、QQ 这类软件产品，只有用户进行注册并实际使用后，互联网企业才获得了用户的注意力资源并且将其锁定在该产品上，单纯的访问并不能体现用户规模。因此，可以通过对平台的分类来分析市场份额的认定要素，对于以搜索引擎为代表的网页浏览平台可以使用用户点击量或访问量来计算，但对于以 QQ 为代表的软件产品则可以使用活跃用户量作为认定市场份额的要素。[2]

（三）动态竞争性市场结构的影响

市场份额需要在相对静态的市场结构中计算才可以得到较为精准的答案，但数字经济呈现出技术创新性强、动态性竞争的特征，因而它的市场结构也较为不稳定。互联网平台的产品主要是信息数据，生命周期较短，即使企业在短时期拥有了较高的市场份额，也极易因平台产品的创新性不足而被淘汰。一时的市场份额优势很难保证该平台能够保持长时间的支配地位。因此，在市场结构极不稳定的情况下，计算市场份额意义不大。

二、网络效应的影响

网络外部性又被称为互联网的规模经济或者网络效应，是指互联网产品的价值会随着网络使用规模的扩大而增加。[3]根据不同的生成方法，分为直接网络效应和间接网络效应。直接网络效应是指用户的增加会带来产品价值直接性的增加；间接网络效应则意味着平台一边市场的用户数量增多使得平台对另一边市场更具有吸引力。

---

〔1〕 杨文明：“市场份额标准的理论反思与方法适用——以互联网企业市场支配地位认定为视角”，载《西北大学学报（哲学社会科学版）》2014 年第 3 期。

〔2〕 胡丽：“互联网企业市场支配地位认定的理论反思与制度重构”，载《现代法学》2013年第 2 期。

〔3〕 ［美］理查德·A. 波斯纳：《反托拉斯法》，孙秋宁译，中国政法大学出版社 2003 年版，第 290~292 页。

直接网络效应使得某个网络平台的价值会随着用户的增加而增加，这将吸引更多用户使用网络产品或服务，形成积极的扩展反馈效应。因此也可能在互联网市场中产生"尖端"现象，即网络平台上集聚的用户越多，几乎所有用户都会使用该平台，其他竞争者则会因丧失用户而失去竞争优势。

此外，基于间接网络效应可以很大程度上促进范围经济的形成，这将有利于互联网平台获取更多的竞争优势。补足品在核心市场已经建立并且极具规模的情况下进行推广，可以有效降低交易成本，减少市场风险。同时，补足品的不断增加使得该互联网平台相较于其他平台具有差异化优势，这将进一步增强用户黏性与转换成本，用户因此被牢牢锁定在该产品之上。例如，腾讯除了开发出 QQ 这一即时通讯软件，还进一步推出 QQ 邮箱、QQ 游戏、QQ 管家等一系列产品增强用户黏性。范围经济还有利于推动平台创新。平台在核心市场的基础上，无论是平台自身还是推动另一边市场提供补足品都满足了消费者的需求，增加了竞争优势，而该竞争优势又对平台进一步研发补足品，或者为第三方提供补足品建立了良好基础，在这种范围经济的良性循环下，互联网平台无疑会增加创新投入，最终激励平台的创新性。[1]

三、用户多归属和锁定效应的影响

如前所述，互联网平台所具有的用户锁定效应可以在很大程度上防止用户流失，即用户因交易、机会等各种成本而难以转移到替代产品上，只能被牢牢锁定在某一互联网企业上。转换成本大大提高了互联网平台控制消费者的能力，阻碍了新企业进入相关市场。

互联网平台转换成本包括以下方面：第一，社交关系成本。消费者选

---

[1] 刘家明、柳发根："平台型创新：概念、机理与挑战应对"，载《中国流通经济》2019 第 10 期。

择某一互联网平台的重要因素之一是该平台的用户。广东省高级人民法院在审理奇虎诉腾讯滥用市场支配地位案中认为，QQ 这一即时通讯产品的转移成本仅仅体现在"核心圈"好友上，"核心圈"好友数量有限，因此消费者的转换成本不高。[1]但是互联网的本质不仅体现在已经拥有实质性联系的朋友身上，而且体现在潜在朋友身上。并且，用户的"核心圈"好友是否会随着该用户进行产品的转移也有待商榷，因为其"核心圈"好友不一定会放弃自己的好友。第二，交易成本。消费者转换到其他产品上意味着原交易告一段落，但这时可能存在违约现象，并且新的交易将产生搜索成本、谈判成本等。第三，机会成本。消费者选择其他产品，就意味着丧失了原产品已获取的利益，尤其是在某些企业进行歧视性定价时。[2]第四，风险成本。在用户已经习惯某一互联网平台时，即使出现了其他具有优势的互联网产品，用户会基于上述交易、社交关系、机会成本而不敢转向新平台。

互联网平台的转换成本改变了竞争机制，则转移成本对互联网平台的市场控制力将产生极大影响。因此，高转换成本可能是决定市场支配地位的因素之一。

四、技术创新能力的影响

互联网领域的特征之一是动态创新性，市场竞争更多地体现在创新能力的竞争中。创新可以导致垄断，也可以破坏垄断。因此可以说，确定互联网平台的市场支配地位在很大程度上取决于对企业创新能力的正确认定。

在互联网市场中，大部分的产品与服务都免费，消费者更关注产品或者服务本身的质量。因此，与传统行业相比，互联网平台的竞争已从价格

---

[1] 广东省高级人民法院（2011）粤高法民三初字第 2 号民事判决书。

[2] 杨文明："论互联网企业市场支配地位认定的非结构因素"，载《河北法学》2014 年第12 期。

竞争转向技术创新竞争。另外，由于互联网的外部性与免费性特征，其他经营者只有通过技术创新来提高产品质量吸引用户，才能进一步瓦解市场垄断。创新能力可以反映在企业的知识产权和投资上。首先，知识产权由经营者的创新产生，又以专利为表现形式。如果经营者拥有的专利具有竞争力，那么专利交叉许可的实施将消除或减少市场竞争，方便互联网平台取得甚至巩固市场支配地位。

互联网平台的主要成本在研发投入上，后续经营过程中，平台也只有通过技术创新才能维持竞争优势。事实上，只有大的垄断企业才有足够的资金去促进技术创新，才有足够的能力去防范和抵御风险，因此技术创新能力也可以侧面证明平台的市场规模。

综上所述，市场份额标准在认定互联网平台的市场支配地位时陷入了困境，其独特的属性使得在份额计算困难，与支配地位相关性减弱的情况下，必须考量其他非结构性因素。

五、数据的影响

在互联网经济中，信息数据是平台运行的基本要素，但大数据对于企业市场力量的获得与扩张有多大影响，又会带来什么竞争法问题，一直为国内外所关注。荷兰2016年出具的《大数据与竞争》报告指出，可以通过数据是否具有排他属性、数据是否可以改进产品质量、数据对网络效应的增强程度、数据是否具有替代性以及不同商业模式的企业之间是否具有竞争关系来评估大数据与市场力量的关系。[1]国内也有学者指出可以通过大数据对数据持有者市场力量的直接影响、对现行或潜在竞争对手的影响以及对消费者的影响三方面进行考量。[2]综合国内外学者的观点，本书认为可以通过以下几个方面对大数据的影响进行评估。

---

〔1〕 Ministry of Economic Affairs (Netherlands), *Big Data and Competition*, 2017.
〔2〕 参见韩伟、李正："大数据与企业市场力量"，载《中国物价》2016年第7期。

（一）数据的可获得性

大多数学者认为数据不具有排他性和独占性，且获取较为容易。数据作为资源来说并非有限，一个企业获取数据并不排斥其他企业获取相同或者类似的数据。在互联网经济时代，信息数据普遍存在，用户的多归属性则意味着相同类型的企业获取相同、同类的数据极为容易。评估一项竞争要素是否能影响市场力量，该要素在一般意义上须具有稀缺性、可获得性、非排他性、独占性，但就数据而言，仅仅持有数据对于企业取得实质性的市场力量可能帮助不大。[1]此外，除了从消费者处直接获取数据，企业的竞争对手还可以从数据服务中间商处获取数据，此种中间商属于收集、储存、分析数据的第三方，它可以从多种渠道收集数据，且成本较低。[2]

但本书认为，消费者的个人信息数据，例如，用户的年龄、性别、职业以及所处地域等可能具有非排他性，但行为数据一般为相对应企业所独占，当企业拒绝数据访问或者共享时，则具有独占性和不可获得性，而该种行为数据往往会对竞争产生较大影响。例如，谷歌所获取的搜索数据，其提供了关于消费者需求非常清晰的信息，这些数据对于广告商或者其他网站来说具有较大的作用。大数据的获取也存在"场景性"的特征，这意味着提供数据的场景使用频率与数据规模和数据更新呈正相关，主导企业将会通过独特的使用场景获得独特的数据。[3]事实上，通过数据中间商来获取数据，也存在一定的风险和缺陷。一方面，第三方收集的数据缺乏全面性；另一方面，第三方收集数据会存在相当的法律风险，消费者的个人数据涉及隐私保护，未经同意不得披露，在这种情况下，通过数据中间商

---

[1]　詹馥静、王先林："反垄断视角的大数据问题初探"，载《价格理论与实践》2018年第9期。

[2]　French Competition Authority and German Federal Cartel Office, *Competition Law and Data*, 2016.

[3]　费方域等："数字经济时代数据性质、产权和竞争"，载《财经问题研究》2018年第2期。

获取数据也较为困难。此外，不排除企业采取限制措施妨碍竞争对手收集数据，并造成数据的稀缺性，如脸书要求未经其同意，其他企业不得收集其平台上用户的数据。因此，对数据可获得性的分析除了在个案中评估数据类型和特征，还得结合企业的行为，判断是否有人为故意造成数据稀缺的情况存在。数据的分析及相关的算法对企业竞争优势的影响不容置疑，但并不能因此否认数据对于市场力量的影响，尤其是在大多企业提供免费服务的互联网领域，作为该种服务对价的数据信息，企业有动机采取一系列限制措施来阻碍竞争者获取该种数据。这将造成数据的稀缺性，即数据的非对抗性不等于数据不会被企业独家控制和占有。[1]

(二) 数据的成本特征

互联网平台收集、分析数据的成本结构具有其独特属性，即高昂的沉没成本以及几乎为零的边际成本，这将极有可能造成数据的集中。一方面，为了收集数据，企业需要对收集、存储乃至分析数据的设备和技术进行投资，这需要较大的财力支撑，市场上的小规模企业及潜在竞争者难以投入相应资金来收集、获取数据。而极高的沉没成本将使得大企业更有动机拒绝数据访问与共享，提高市场进入壁垒以获取回报最大化。另一方面，我们所关注的数据收集大多是对消费者使用产品或者服务时所产生的数据进行收集，如前文所述，数据是"场景数据"，这就意味着需要一个平台或者载体吸引消费者使用该平台以获得该数据，但投资使用一个类似且吸引消费者的平台存在较大困难，也需要较大的财力投入，这也进一步增加了潜在进入者的进入壁垒。

在付出大量的固定成本以后，企业只需利用数据以较低成本来改进产品和服务，进一步增强网络效应。因此，这种成本结构具有高度的规模经济和范围经济的特性，可能导致数据集中于少数几家企业手中。[2]也有观

---

〔1〕 曾雄："数据垄断相关问题的反垄断法分析思路"，载《竞争政策研究》2017 年第 6 期。

〔2〕 曾雄："数据垄断相关问题的反垄断法分析思路"，载《竞争政策研究》2017 年第 6 期。

点提出，零散的大数据价值很低，只有达到一定规模后才可以获取经济价值，而有效获取、处理、分析大数据的企业需要较大的财力支撑，这也是大数据领域市场进入壁垒较高的原因之一。[1]

（三）数据形成的正反馈效应

有学者认为，互联网行业实际上市场进入壁垒较低，竞争较为充分，消费者的转换成本也较低，因此用户锁定效应是否明显则有一定争议。[2]

但本书认为，虽然互联网平台的技术进入壁垒较低，但网络外部性及用户锁定效应其实提高了市场进入壁垒。而大数据的运用为互联网平台改进产品或服务质量，增强网络效应，最终形成正反馈效应提供了较大帮助。

不同企业在数据的收集与获取方面存在差异，大型企业由于使用的用户更多，相对于小企业会天然地收集到更多的数据。首先，网络平台通过收集到的数据不断试错、优化产品和服务，进而吸引更多的消费者使用该平台，再加上网络直接效应的影响，聚集在该平台的消费者只会越来越多。另外，平台所收集的消费者数据一定程度上反映了消费者的需求和偏好，在这种情况下，平台就可以利用算法提供更个性化的搜索结果，这在一定程度上也满足了消费者需求。例如，澳大利亚竞争和消费者委员会（ACCC）在 2019 年的报告中指出：谷歌已经在澳洲乃至世界搜索引擎服务市场上具有绝对的市场力量，一个潜在的新进入搜索服务市场的人或谷歌的小规模竞争对手，很可能在进入或扩展方面面临以下几个障碍。首先，网络效应及原始积累使得谷歌的搜索平台已经并继续积累了大量关于其用户及其使用搜索平台的数据，这些数据优化了搜索引擎中的相关算法，提高了搜索服务的质量。更多的用户数据，包括用户搜索和用户数据

---

〔1〕　Daniel L. Rubinfeld, "Access Barriers to Big Data", *Arizona Law Review*, Vol. 2017（59）.

〔2〕　Geoffrey A. Manne & R. Ben Sperry, "The Problems and Perils of Bootstrapping Privacy and Data into an Antitrust Framework", *CPI Antitrust Chronicle*, Vol. 2015（5）.

搜索结果，都有助于谷歌及时更新相关算法，提高其相关性排名。[1]其次，互联网平台属于双边或多边市场，平台的一边为用户，而另一边通常为广告主，它们依据消费者数据来改善广告服务，并从中获利，再进行投资和创新以吸引消费者，这属于"获利反馈"。[2]最后，互联网平台会收集海量的数据信息，进而依据大数据带来的市场反馈和预测功能构建新的平台，将市场力量延伸至未来市场和不相关市场，最终形成范围经济。

综上所述，本身具有市场力量的大型企业可以收集大规模的数据，而这些数据一方面可以优化产品质量，另一方面可以从广告商处获取更大利润进而增进投资和创新，二者最终都会吸引更多的消费者使用该平台，再加上用户锁定效应与网络外部效应，更多的用户将会集聚在该平台。这也意味着平台获取数据会增多，最终形成正反馈效应，增强平台的市场力量。

(四) 平台利用数据设置进入壁垒

信息数据是互联网平台运行的基础之一，企业在获取数据以后，是否有分享数据的意愿，以及数据实质上能否被共享存在一定争议。一种观点认为企业有共享数据的意愿，原因在于数据收集、存储、管理的边际成本较低，而挖掘大数据潜在价值，开发大数据分析工具仍然需要大量的资金投入，企业独占数据往往入不敷出，而数据共享一方面可以获得收入，另一方面可以从开发数据方法中创新获利。[3]但从各大企业的实践可以看出，拒绝数据开放似乎是企业的通常做法，在尚未将数据完全分析，获取更大的经济价值之前，企业分享数据的意愿并不强。企业之间进行数据共

---

〔1〕 Australian Competition and Consumer Commission, *Digital Platforms Inquiry*, 2019.

〔2〕 曾雄："数据垄断相关问题的反垄断法分析思路"，载《竞争政策研究》2017 年第 6 期。

〔3〕 费方域等："数字经济时代数据性质、产权和竞争"，载《财经问题研究》2018 年第 2 期。

享也可能产生用户个人隐私披露的问题，将会产生一定的法律风险。[1]

互联网平台在经营中势必会寻求利益的最大化，这其中很可能会产生排挤现有竞争对手，或通过提高市场进入壁垒来排挤潜在竞争对手的行为。而大数据在市场竞争中则体现出其强大的预测功能。经营者利用大数据及其算法会较早发现对其产生威胁的竞争者和潜在竞争者，并伺机消灭市场进入者可能带来的投机性威胁，例如，迫使竞争者接受不正当的交易条件。[2]再者，利用大数据进行产品优化，并进一步带来规模经济和范围经济，无形中增加了市场进入壁垒。

互联网平台不仅提供相应服务，而且会收集、使用用户数据，同时平台系统还可以将该数据应用到其他相关平台中，基于用户锁定效应和间接网络效应获取更大的竞争优势。

大规模的数据本身不一定能够给予企业很强的市场力量，但如果结合数据的分析处理能力、数据的多样性，则可以为数据拥有者及控制者带来直接的产品效益和竞争优势。平台具有该方面的先天优势，如果某一个平台持有数据的规模和范围达到了竞争对手无法超越的水平，不仅会排除、限制竞争，还会在上下游市场中获得竞争优势，因此很大程度上会影响企业所具有的市场力量。

第三节　互联网平台滥用市场支配地位的行为

一、独家交易

（一）独家交易的行为表现

与传统企业不同，互联网平台竞争中的独家交易，是指具有一定市场

---

〔1〕　Ministry of Economic Affairs（Netherlands），*Big Data and Competition*，2017，pp.26-27.
〔2〕　陈兵："大数据的竞争法属性及规制意义"，载《法学》2018年第8期。

势力的互联网平台企业与平台市场一边的产品或服务的经营者签订独家交易协议，限定该经营者只能与平台交易并排除其他竞争对手，或者要求平台另一边的消费者只能使用其提供的产品或服务的限制或限定行为。

（二）独家交易的典型案例

1. 某网络媒体平台与经营者达成独家交易协议

某网络媒体平台与某综艺节目在协商后，花亿元买断该节目的独家播映权，实质上二者达成了独家交易协议。但该独家交易普遍被认定为市场上正常的经营策略和手段，并没有设置市场进入壁垒，更没有损害社会福利。该网络媒体平台在获得了综艺节目的独家点播权后，收获的不仅是用户点播数据的增加，也更好地获得了广告主的青睐与认可，广告客户也随之增加。该网络媒体平台同时推出 5 档衍生出来的娱乐节目，综艺节目的出品方也获利颇多。而消费者不但通过点击视频享受了产品服务，同时网络媒体平台依托娱乐优势，围绕综艺节目本身对节目进行内容延展，充分把握用户娱乐需求，通过对节目幕后故事进行挖掘自制，满足消费者更为丰富的内容获取需求，优化用户体验。该独家交易明显达到了三方受益的效果，而其他平台同时间相应的点击率下降与不当竞争无关，是正常市场竞争的结果。

2. 奇虎诉腾讯滥用市场支配地位案

2010 年 11 月 3 日腾讯公开发布了《致广大 QQ 用户的一封信》，迫使消费者在腾讯 QQ 和奇虎 360 中作出选择，并且在装有 360 软件的电脑上停止运行 QQ 软件。奇虎 360 随即推出了 Web QQ 的客户端，但腾讯随即关闭了 Web QQ 服务，使客户端失效，通过技术不兼容的形式来限制交易。这类独家交易的特点表现为：针对的是平台一边众多的消费者，交易的对象是平台市场上有替代的产品或服务，交易没有书面形式的协议，且不是双方协商的结果，带有一定的强迫性。广东省高级人民法院与最高人民法院在认定腾讯是否具有市场支配地位这一问题上保持了一致，即认定腾讯在相关市场不具有市场支配地位，但在进一步分析该行为是否构成了反垄断法意义上的独家交易行为时，两审法院观点并不一致。

一审法院认为腾讯公开发布《致广大 QQ 用户的一封信》，迫使消费者在腾讯 QQ 和奇虎 360 中作出选择，表面上看，似乎赋予了用户自由选择权，但实质上，如果腾讯已经具有了极大的市场势力，而且互联网平台产品尤其是即时通讯软件具有极大的网络外部性与用户锁定效应，用户极有可能选择腾讯 QQ 而放弃奇虎 360，腾讯的意图在于排挤奇虎而非拒绝与普通用户进行交易。[1]二审法院认定腾讯该行为不应受到《反垄断法》的规制，并从对消费者的影响、行为动机即合理抗辩事由以及排除、限制竞争的后果三方面进行论证。第一，关于腾讯实施的"产品不兼容"行为对消费者利益的影响。腾讯实施的"产品不兼容"行为是专门针对奇虎的产品和服务，这一行为表面上是要求用户在使用腾讯 QQ 和奇虎 360 安全软件之间作出选择，实质上是限定了腾讯 QQ 软件的使用环境。虽然这一限制可能对消费者使用腾讯 QQ 或者奇虎 360 安全软件造成不便，但是由于在即时通讯市场和安全软件市场均有充分的替代选择，腾讯 QQ 软件并非必需品，这种不便对消费者利益并无重大影响。第二，关于"产品不兼容"行为的动机。在实施"产品不兼容"行为之前，腾讯的即时通讯软件与奇虎 360 的安全软件长期兼容共存，腾讯实施"产品不兼容"行为的背景是，奇虎及其关联公司专门针对腾讯 QQ 软件开发、经营 QQ 保镖软件，实施不正当竞争行为，因此腾讯的行为动机并不明显具有合理抗辩事由。第三，关于"产品不兼容"行为对竞争的实际影响。相关证据显示，腾讯实施"二选一"给即时通讯服务市场带来了更活跃的竞争，腾讯的市场份额有所降低；就安全软件市场而言，虽然奇虎 360 的市场份额有小幅度降低，但就整个相关市场来说，其带来的排除、限制竞争的效果极

---

[1]　参见广东省高级人民法院（2011）粤高法民三初字第 2 号民事判决书。

其微弱。[1]

但就最高人民法院作出的对消费者利益损害的分析，学界有着不同观点。当互联网平台采取技术手段意图达到对抗竞争对手的效果，但手段却是迫使消费者进行"二选一"，对不接受其条件的用户拒绝提供服务时，该行为实际上侵害了消费者的自主选择权。[2]互联互通符合数字经济时代的特性，也是其发展、提供服务的基本要求，[3]腾讯实施的强迫用户"二选一"和技术不兼容的行为，明显阻碍了数字经济时代的互联互通属性，损害了消费者福利。

3. 京东诉天猫二选一案

2019年10月，中国裁判文书网发布了《浙江天猫网络有限公司、浙江天猫技术有限公司滥用市场支配地位纠纷二审民事裁定书》，最高人民法院二审驳回了此案件应由浙江省高级人民法院审理的主张，认定北京市高级人民法院对此案有管辖权，这意味着这起电商平台之间的二选一案件，终于要进入实体审查程序。京东诉称，2013年以来，浙江天猫网络有限公司、浙江天猫技术有限公司、阿里巴巴集团控股有限公司在具有市场支配地位的情况下不断以"签订独家协议"独家合作等方式，要求在天猫商城开设店铺的服饰、家居等众多品牌商家不得在两原告运营的京东商城参加"618""双11"等促销活动，不得在京东商城开设店铺进行经营，甚至只能在天猫商城一个平台开设店铺进行经营，京东将其概括为"二选一"行为。2019年9月12日，京东又向北京市高级人民法院请求通知唯品会、拼多多作为第三人参加诉讼。这意味着三大电商京东、拼多多、唯

---

[1] 参见最高人民法院（2013）民三终字第4号民事判决书。

[2] 王胜伟："互联网行业限制交易行为的认定及管制——以3Q案腾讯'二选一为例'"，载《山东社会科学》2017年第12期。

[3] 范建得、郑纬纶："论资讯软体产业市场力量之管制——以微软案为主轴"，载《公平交易季刊》2010年第1期。

品会联手，意图就二选一争议在司法层面上"围攻"天猫。[1]

在京东诉天猫二选一案中，以下三个问题的判断分析尤为关键，即如何界定电商平台的相关市场；天猫市场支配地位如何认定；天猫实施的二选一行为是否是市场支配地位的滥用行为。而这三个问题也是《反垄断法》对互联网平台滥用市场支配行为进行规制的难点。此案中，提起诉讼的并非签订独家合作协议的商家，而是作为平台竞争对手的京东，这说明"二选一"是平台与平台之间对商家用户的竞争方式，从中感到威胁、受到损失的是平台的竞争对手，而不是作为争夺对象的商家，至于对普通消费者的影响，认定则更为困难。就"二选一"行为本身来说，其本质是两个平台间竞争的方式，它是商业竞争，尤其是互联网时代平台竞争中的常见用户策略，其是否构成滥用市场支配地位得看是否对市场竞争机制和消费者造成实质性损害。[2]

（三）互联网平台独家交易的特殊性

1. 独家交易主体的特殊性

互联网平台独家交易的主体具有双边性，包括平台企业和双边市场两边的经营者用户和消费者用户。而传统的独家交易往往发生在具有市场支配地位的企业与交易相对人之间，是要求交易相对人只能与其交易而不得与其他竞争对手进行交易的行为。[3]因此，独家交易大多被定义为下游市场承诺上游市场不销售竞争对手产品的协议安排。

2. 独家交易表现形式的特殊性

互联网平台竞争中独家交易的表现形式，既有显性的又有隐性的，而传统的独家交易往往为显性的，通常以协议形式表现出来。显性的独家交

---

〔1〕"拼多多、唯品会作为第三人加入京东诉天猫反垄断诉讼"，载微信公众号"反垄断实务评论"，2019年11月6日。

〔2〕曲创："平台经济模式下'二选一'后果与规制刍议"，载《中国市场监管报》2019年9月10日，第5版。

〔3〕李昌麒主编：《经济法学》，法律出版社2008年版，第260页。

易比较容易判断，交易双方往往存在独家交易协议，例如，搜狐视频买断中国好声音网络独播权。隐性的独家交易不易查明和作出判断，甚至不存在独家交易协议。[1]平台企业可以利用技术优势，产品不兼容，或者平台用户黏性导致的对平台的依赖实施独家交易行为。如腾讯公司设定 QQ 的不兼容性，以强迫用户进行"二选一"，电商平台往往会通过屏蔽、搜索降权等方式来变相强迫商家"二选一"，尤其是外卖平台除了上述办法，也会通过缩小配送范围、修改库存信息限定商家只能与其交易。

3. 独家交易意思表示的特殊性

互联网平台竞争中独家交易的意思表示，有时是双方意思表示的结果，不论双方的意思表示是出于自愿还是非自愿，其限制的是产品或服务的交易权；有时是单方意思表示的结果，由平台企业一方单方面明示或默示作出，针对的是平台一边不特定的消费者，限制的是消费者的选择权。[2]传统的独家交易是双方意思表示的结果，即便双方没有完全自愿，其限制的主要内容是一方的交易权。

（四）互联网平台独家交易的规制难点

1. 互联网平台市场支配地位认定困难

对互联网平台的独家交易行为进行反垄断法规制的前提是该互联网平台具有市场支配地位，但如前所述，无论是相关市场的界定还是市场份额的计算都存在争议，没有统一标准，并且在市场份额作用进一步减弱的情况下，市场支配地位确实难以认定。

2. 独家交易行为隐蔽性强

互联网平台竞争中的独家交易有可能是在没有协议的情况下，利用技术、系统的不兼容以及用户锁定效应、转换成本较高等特征，强制对方接受其提出的交易条件，如腾讯的"二选一"行为。在独家交易行为的

---

〔1〕 叶明："互联网企业独家交易行为的反垄断法分析"，载《现代法学》2014 年第 4 期。
〔2〕 陈伟华："互联网平台竞争中独家交易的反垄断分析"，载《浙江社会科学》2016 年第 3 期。

过程中，无论是平台对交易相对人与其他平台交易的监测还是进一步对相对人的限定，都体现出较强的技术性，例如，利用雷达或者爬虫监测，通过屏蔽变相限定交易。这样的独家交易隐蔽性强，较难发现与规制，但同时带来了较大的负面影响，对消费者利益与竞争对手利益都产生了较大损害。

3. 独家交易行为主观意图判断困难

有学者认为，互联网平台实施独家交易实质上是对交易对象强加的独特义务，这就意味着平台对其行为及其后果有着清晰的认知，因此独家交易行为的目的只可能是排除、限制竞争或者维持市场优势地位，且主观心理上为故意。[1]但数字经济时代企业更注重注意力资源的竞争，因此就必须确保其平台上的产品和服务具有特殊性，以此吸引消费者并增强消费者的黏性，提高其转移成本。因此，平台企业与平台一边的经营者签订独家交易协议，并借平台另一边消费者对平台产品或服务的依赖和黏性，单方约束消费者与其他平台交易是一种经营策略。[2]实施独家交易究竟是正常的竞争行为，还是具有反竞争的意图是一种主观心理状态，难以证明。

4. 独家交易行为实质后果具有双重性

互联网平台的独家交易一方面可以排除、限制竞争；另一方面该行为在一定程度上也具有促进竞争的作用，互联网平台利用技术的兼容性与标准的不相容性实施独家交易行为，迫使交易对象不得与自己的竞争对手进行交易，排除了交易对象在销售该互联网企业的产品或服务的同时，销售其他类似的产品或服务的可能性，能够最大限度地避免"搭便车"现象。与此同时，互联网平台企业实施独家交易还可以节约交易成本，具有一定合理性。尽管数字经济企业资产地理区位和资产本身的专用性不高，但是存在人力资本的专用性和特定用途的资产专用性，这时通过一体化或关系

---

〔1〕　叶明：《互联网经济对反垄断法的挑战及对策》，法律出版社 2019 年版，第 137 页。
〔2〕　叶明："互联网企业独家交易行为的反垄断法分析"，载《现代法学》2014 年第 4 期。

契约来实现交易治理也属正常需要。[1]

上述的积极效果都可能构成互联网平台企业实施独家交易的合理抗辩，我国《反价格垄断规定》在《反垄断法》的基础上就抗辩事由即正当理由作出了细化，包括保护产品质量与安全、维护品牌形象、提高服务水平或者显著降低成本、提高效率，并且能够使消费者分享由此产生的利益等。《禁止滥用市场支配地位行为暂行规定》第十七条就正当理由也作出规定，即满足产品安全需要、保护知识产权、保护特定投资所必须。为做好制度衔接，《反价格垄断规定》已于 2019 年 9 月 1 日被废止，对比以上规定，不难发现，前者认为只要是经营者为了上述因素实施独家交易行为，就可合理抗辩，强调的是经营者的主观目的；后者则着重强调了目的和结果，给抗辩理由附加了更为严苛的条件，也避免了执法机构只能依据经营者的主观状态来判断是否构成正当理由，而可以通过市场一般经营者的通用做法加以经济分析综合认定。但对于数字经济产业而言，该暂行规定列举的满足产品安全、保护知识产权及特定投资等事由适用性并不强，更需要考虑成本节约、效率提升及消费者福利影响等因素，而这些要素本身极具复杂性，如何认定及量化也较为困难。

二、搭售

（一）搭售的行为表现

搭售，是指拥有市场支配地位的企业在提供商品或服务时，要求交易对方购买或接受从性质上或者从交易习惯上均与所进行的交易无关的其他商品或服务的行为，从性质上讲，搭售是一种强卖的行为。搭售具有两个特性，一是搭售品和被搭售品需要是独立商品，二是更强调搭售的违法性和强制性。

---

〔1〕 蒋岩波：“互联网企业排他性交易行为的反垄断规制”，载《电子知识产权》2013 年第 10 期。

（二）搭售的典型案例

1. 奇虎诉腾讯搭售案

在奇虎诉腾讯搭售案中，奇虎认为安装腾讯的 QQ2010 软件时，QQ 软件管家未经用户授权自动安装进入用户计算机系统，并且被告强行推广与奇虎 360 有相似功能和界面的 QQ 医生，QQ 软件管家和 QQ 医生在用户的电脑系统里自动升级为 QQ 电脑管家。腾讯 QQ 搭售 QQ 电脑管家软件，使 QQ 电脑管家迅速抢占系统安全市场。两者是可以单独销售的分属于不同市场的商品。而腾讯利用在即时通讯市场上的支配地位，强制用户安装安全软件 QQ 电脑管家的行为，阻碍其他竞争者在安全市场上的竞争，或者妨碍潜在竞争者的进入，完全符合《反垄断法》所禁止的搭售行为的构成要件。

但一审法院认为：腾讯的行为不构成《反垄断法》所禁止的搭售行为。理由是：第一，腾讯在即时通讯服务市场中不具有市场支配地位。第二，腾讯没有限制用户的选择权。腾讯在 QQ 软件打包安装 QQ 软件管家时，为用户提供了 QQ 软件管家的卸载功能。腾讯向用户提供 QQ 软件服务并非以用户必须使用 QQ 软件管家为先决条件，对用户没有强制性。另外，腾讯在将 QQ 软件管家与 QQ 医生升级为 QQ 电脑管家时，向用户发出了升级公告，已尽了明示用户并给予用户使用选择权的义务。第三，腾讯的相关行为具有经济合理性。QQ 软件管家与 QQ 软件的打包安装作为产品的功能整合，有利于用户通过使用辅助性工具软件更好地管理 QQ，保障 QQ 软件用户的账号安全，相反，若腾讯公司和腾讯计算机公司在提供 QQ 即时通讯软件时不提供安全产品，则可能会有损于 QQ 软件产品的性能或使用价值。第四，奇虎并不能证明腾讯的相关行为产生限制或排除竞争的效果或者对消费者已经造成或将要造成损害。[1]二审法院在一审法院的基础上进行了补充，提出被诉搭售行为并没有使得腾讯将其在即时通讯市场

---

[1] 广东省高级人民法院（2011）粤高法民三初字第 2 号民事判决书。

上的领先地位延伸到安全软件市场。奇虎 360 在安全软件中仍占据领先地位，且无法证明被诉搭售行为导致奇虎在安全软件市场的市场份额发生显著下降，或者对安全软件市场内的其他经营者产生了排除或者限制竞争的效果。此外，上诉人提出一审法院的举证责任分配不当，二审法院对此作出了回应：在滥用市场支配地位案件中，被诉垄断行为的受害人对被诉经营者具有市场支配地位承担举证责任，被诉经营者对其行为正当性承担举证责任。但正当性与排除、限制竞争的效果并不完全一致，对正当性承担举证责任并不等同于对行为不具有排除、限制竞争的效果承担举证责任。最后，在无法认定腾讯具有市场支配地位的前提下，通过证明被诉垄断行为排除、限制竞争效果的存在有助于证明被诉经营者具有市场支配地位，因此一审法院要求奇虎就限制、排除竞争效果予以举证并无明显不当。[1]

（三）互联网平台搭售的特殊性

1. 搭售技术效率高

互联网平台搭售的技术效率更高，如 Windows 和 IE 浏览器的源代码的直接整合比单独安装浏览器的系统性能要强，可以利用互联网市场上搭售品和被搭售品互补性较强的特点，研发过程中将搭售品和被搭售品集合起来能提高二者的系统性能。

2. "杠杆效应"更明显

传统经济下的搭售行为具有"杠杆效应"，企业的市场力量可以通过搭售行为由搭售品市场传导至被搭售品市场，使被搭售品市场的竞争状况趋于恶化。[2]

互联网平台利用网络效应的影响，通过搭售行为把其在搭售品市场的支配地位传递到被搭售品市场上更为便利。如微软公司的 Windows 在操作

---

[1] 最高人民法院（2013）民三终字第 4 号民事判决书。
[2] Henry N. Butler & W. J. Lane & Owen R. Philips, "The Futility of Antitrust Attacks on Tie-in Sales: An Economic and Legal Analysis", 36 *Hastings L. J.* 173, 182 (1984).

系统市场上具有绝对的市场支配地位，它曾经利用这种支配地位捆绑销售媒体播放器 Media Player，只要用户购买 Windows 操作系统，就同时购买了 Media Player 播放器，随着使用 Windows 操作系统用户数量的增加，使用 Media Player 的用户也随之增加，使得微软公司在 Media Player 播放器市场上占据市场支配地位，从而排除或限制其他公司在播放器市场上的竞争，并最终实现范围效应。基于此，互联网平台经营者基于网络效应，实施搭售的动机更为强烈。[1]

3. "搭而不售"

互联网平台会出现"搭而不售"的现象。传统行业的搭售通常以金钱给付为要件，但互联网平台的商业模式不同于传统行业，它是通过提供免费的产品来获得用户，然后不断改进免费软件增加用户的转换成本，最后通过附加增值业务或者广告收入来获取利润。[2]在这种情况下，"搭而不售"再加上默认条款的设置，使用户难以察觉到被安装了新软件，因此具有较强的隐蔽性。

（四）搭售的规制难点

1. 搭售品与被搭售品的独立性认定困难

有学者认为，独立产品的界定是搭售行为违反反垄断理论的关键。[3]学界对于产品独立性判断的依据主要有以下两种理论，一是消费者需求理论，二是产品功能理论，但在数字经济背景下，适用这两种理论作为判断依据明显有不当之处。

消费者需求理论是指，如果消费者认为搭售品与被搭售品是两个性质、功能完全不同的产品，那就认定这两个产品具有独立性，搭售行为可能会受到反垄断法规制。但在数字经济时代，互联网平台提供的多为软件或者服

---

〔1〕　张素伦："互联网背景下对搭售行为的再认识及规制建议"，载《价格理论与实践》2016 年第 6 期。

〔2〕　叶明：《互联网经济对反垄断法的挑战及对策》，法律出版社 2019 年版，第 118 页。

〔3〕　J. Gregory Sidak, "An Antitrust Rule for Software Integration", *Yale J. on Reg.* 22-23 (2001).

务，具有高度的技术性，且被搭售品往往是耐用品或者基础设施，再加上其"搭而不售"的特点，消费者对于组合产品并不排斥，甚至对功能一体化产品的需求更为强烈。[1]消费者的需求观念也极易被经营者引导，例如，在互联网平台"搭而不售"的免费商业模式下，消费者极易形成计算机系统包含网页浏览器，即时通讯软件包含杀毒管家软件属于标准配置这一观念。[2]因此在数字经济时代，从消费者需求来判断产品的独立性可能并不准确。

所谓产品功能标准，系指如果两个产品分开销售足以影响各自的功能发挥，而搭售能够提高产品的整体性能，则可认为两个产品不具有独立性。但互联网平台提供的产品大多都是功能的结合，具有单一功能的产品越来越少。[3]互联网产品的结合确实增加了产品的整体功能，例如 QQ 与 QQ 医生，QQ 属于即时通讯软件，QQ 医生属于网络安全软件，二者功能不同且可以独立使用。但二者相结合可以降低 QQ 密码被盗的风险，增强了 QQ 的功能。因此有学者认为，在数字经济时代，凡是具有一定市场支配地位的企业，其提供的任何产品可能都存在搭售问题。[4]鉴于此，利用功能来判断互联网产品的独立性具有一定困难。

2. 互联网平台实施搭售难度极低

网络特殊的技术性，使网络平台很容易添加和捆绑新的服务功能。互联网经营者只需要对原有软件增加程序代码，即可添加功能，并不需要耗费额外的实体资源且边际成本极低，操作更为便利。互联网平台的搭售隐蔽性更强，如淘宝捆绑支付宝功能，微信捆绑微信支付功能等。虽然这些

---

〔1〕 王磊："互联网企业搭售行为的认定困境及判断路径"，载《上海政法学院学报（法治论丛）》2016 年第 1 期。

〔2〕 吴太轩："互联网企业搭售行为的违法性认定研究——以反垄断法为视角"，载《经济法论坛》2014 第 12 期。

〔3〕 王磊："互联网企业搭售行为的认定困境及判断路径"，载《上海政法学院学报（法治论丛）》2016 年第 1 期。

〔4〕 李剑："合理原则下的单一产品问题——基于中国反垄断法搭售案件的思考"，载《法学家》2015 年第 1 期。

企业通过"捆绑"方式给用户提供了更加便捷的服务，提高了整个"捆绑"的网络外部性效应，但从竞争角度看，占支配地位的企业通过捆绑方式销售商品，会降低被捆绑商品供应商的可替代性，造成间接阻碍被捆绑商品进入市场的效果。特别当被捆绑商品与原商品互补时，被捆绑商品的市场进入难度将大幅度提高。此外，当企业对多个捆绑产品拥有市场支配地位时，捆绑中的此类商品越多，反竞争封锁效果越强。[1]

3. 搭售实质后果具有双重性

互联网平台的搭售行为本身具有经济合理性。第一，搭售有利于降低成本，提升效率，互联网市场存在的大量的互补产品推动了交易平台的形成和发展。对消费者来说，可以降低其搜索和交易成本，而对平台经营者来说，搭售有助于实现范围经济和规模经济。[2]第二，搭售行为有利于保证产品或服务的品质，重要的互补品直接由互联网平台企业自己提供，可以保证其功能的稳定性，进而维护商誉。第三，搭售有利于新产品、新市场的风险承担。互联网市场是具有高度创新性的市场，互联网平台必须不断开发新的产品或进入新的市场领域，而新产品、新市场能否成功无法预估，因此通过搭售进行新产品的推广，可以规避产品的市场风险。[3]

但同时，互联网平台的搭售也极有可能损害竞争，侵害消费者的自由选择权，阻碍技术创新。首先，互联网平台如果利用搭售的"杠杆作用"延伸市场力量，将优势地位扩展到搭售品的相关市场后，将该相关市场的竞争者排挤出去并设置了市场壁垒阻止竞争者进入，即具有排除、限制竞争的效果。其次，如前所述，互联网平台的搭售行为排挤和阻止的对象如果是具有创新性的企业，不但会造成技术的流失还会影响技术创新的可持

〔1〕　冯然："竞争约束、运行范式与网络平台寡头垄断治理"，载《改革》2017年第5期。

〔2〕　叶明、商登晖："互联网企业搭售行为的反垄断法规制"，载《山东社会科学》2014年第7期。

〔3〕　王磊："互联网企业搭售行为的认定困境及判断路径"，载《上海政法学院学报（法治论丛）》2016年第1期。

续性。[1]用户由于锁定效应难以转换至其他产品，进一步增加了创新风险。最后，互联网平台的"搭而不售"行为尽管给消费者带来了便利，但是限制了消费者的自主选择权，用户由于网络外部性和用户锁定效应而难以选择其他产品，最终有损消费者福利。[2]

在搭售行为本身具有经济合理性的基础上，界定何种搭售行为应该受到反垄断法的规制还存在一定的困难。

三、掠夺性定价

（一）掠夺性定价行为表现

掠夺性定价，是指具有市场支配地位的企业为了排除、限制竞争，没有正当理由以低于成本的价格销售商品或提供服务的妨碍性滥用行为。但互联网平台掠夺性定价的表现形式有所不同，其主要是通过对软件实施低价销售甚至免费提供以限制竞争，例如，网约车平台的高额补贴甚至呈现出负价格的趋势。

（二）掠夺性定价典型案例

我国网约车平台曾经通过高额补贴的方式来争夺市场，当时各个平台为了提高司机和用户的下载量和使用量，抢占更大市场，一度对用户实行低价销售行为，并对司机进行补贴。在我国两大网约车平台完成并购，市场争夺战结束以后，该网约车平台不仅取消了高额补贴，而且开启了"动态溢价模式"，即在早晚高峰价格上涨并增加调度费用。从价格制定方式看，价格补贴仅是一种营销手段，取消价格竞争后，消费者不再享受恶劣的价格竞争带来的出行福利，平台也回归合理竞争模式。但是，我国两大网约车平台在完成合并、收购后的涨价行为已经对消费者福利造成了损

---

〔1〕 鲁篱："标准化与反垄断问题研究"，载《中国法学》2003年第1期。
〔2〕 叶明、商登珲："互联网企业搭售行为的反垄断法规制"，载《山东社会科学》2014年第7期。

害。对此，《网络预约出租汽车经营服务管理暂行办法》第二十一条规定，网约车平台公司不得妨碍市场公平竞争，不得侵害乘客合法权益和社会公共利益。网约车平台公司不得有为排挤竞争对手或者独占市场，以低于成本的价格运营扰乱正常市场秩序，损害国家利益或者其他经营者合法权益等不正当价格行为，不得有价格违法行为。此种高额补贴行为是否构成掠夺性定价，互联网平台与传统行业具有较大不同。

（三）互联网平台掠夺性定价的特殊性

1. 成本认定的特殊性

按照传统单边市场的企业价格理论，如果企业低于边际成本向消费者销售商品或提供服务就可以说是掠夺性定价行为。而在互联网平台中，企业的定价行为呈现出非对称性的特征，互联网企业为实现平台规模的最大化，就需要在双边市场用户之间对成本进行合理配置，对某一方用户的价格水平予以倾斜。因此，互联网企业往往对一边用户制定符合价值规律的价格，而对另一边用户实施价格补贴，制定低于边际成本的价格，即实施免费定价策略。[1]平台企业可以基于间接网络效应，通过扩大免费端用户规模，提升该平台对另一边市场的价值，进而实现盈利。因此，双边市场中互联网平台企业一边市场低于边际成本定价并不能表明掠夺性定价行为的存在。

2. 对消费者福利的影响

互联网的免费定价行为可以对消费者产生福利。《反垄断法》立法目的之一在于保护消费者权益，增加消费者福利。消费者福利标准成为《反垄断法》规制的重要标准。[2]在互联网平台实施免费定价行为的过程中，消费者获得了免费的互联网产品或服务，出现消费者盈余；并且在网络效

---

〔1〕　杨文明："互联网平台企业免费定价反垄断规制批判"，载《广东财经大学学报》2015年第1期。

〔2〕　张永忠："反垄断法中的消费者福利标准：理论确证与法律适用"，载《政法论坛》2013年第3期。

应的影响下，消费者规模的增加吸引了更多的另一边市场经营者的加入，从而增加了消费者的交易机会。[1]例如，在网约车平台，司机规模的进一步增大增加了消费者完成交易的可能性。

（四）规制难点

1. 互联网平台市场支配地位认定困难

平台提供商往往处于双边市场，例如，一个网约车平台同时面临网约车用户市场和网约车服务提供方两个市场。而在双边市场中支配地位的认定，则面临着新的挑战和困难。传统的相关市场的界定方法主要有需求替代分析法和 SSNIP 测试法，但如前所述，双边市场中的相关市场界定确实存在难度，并且互联网平台供应商的市场份额往往无法准确反映市场势力。

2. 掠夺性定价主观意图难以判断

互联网平台企业没有正当理由低于成本定价的目的在于通过低于成本销售的行为排挤竞争对手，设置市场准入壁垒。但判断经营者的主观意图则极为困难。在数字经济时代，如果可以认定平台经营者低于成本定价的意图在于正常行使经营自主权或者满足竞争需要，就认定其不具有排除、限制竞争的意图，例如推广新产品、应对周期性的经济危机等。但区分正常的价格竞争与掠夺性定价行为仍然存在较大难度。[2]

3. 互联网平台产品成本认定困难

《禁止滥用市场支配地位行为暂行规定》第十五条首次明确了判断产品成本应重点考虑平均可变成本，并对互联网新经济下的免费模式应该如何计算作出了补充规定，即应当综合考虑经营者提供的免费商品以及相关收费商品等情况。

平均可变成本是指厂商在短期内平均每生产一单位产品所消耗的可变

---

〔1〕 杨文明："互联网平台企业免费定价反垄断规制批判"，载《广东财经大学学报》2015年第1期。

〔2〕 叶明：《互联网经济对反垄断法的挑战及对策》，法律出版社2019年版，第114页。

成本，由总可变成本除以产量得出，这一标准由美国学者阿里达和特纳提出，是由最初的短期边际成本衍变而来。他们起初认为，企业将价格定在短期边际成本下是理性的，原因在于这一定价模式势必会带来亏损，除非它能预见到将来的垄断定价能收回成本。但现实中对于边际成本的衡量非常困难，因此他们进一步建议用平均变动成本来代替边际成本。[1]

但平均可变成本标准同样具有局限性。边际成本和平均可变成本并不总是一致，在不一致的情况下，难以将低于边际成本但高于平均可变成本的定价行为纳入《反垄断法》的规制范围，此外，平均可变成本标准是在静态的模型上提出的，忽视了企业的长期策略性因素。[2]对此，波斯纳主张，价格必须定在一个能够将同样有效率或者更有效率的竞争者排挤出市场的水平上才是掠夺性定价。他认为有两种行为符合这一要求：一是低于短期边际成本销售；二是以排除竞争者为目的的低于长期边际成本销售。[3]

在双边市场中，价格和成本之间的关系较之单边市场更加复杂。复杂性体现在双边市场中，平台企业的利润来源于相互关联的两边，在选择利润最大化的价格时，既要考虑两边的需求弹性和边际成本，也要考虑两边需求之间的关系和平台运行的成本。此外，交叉网络外部性的大小、收费方式和单归属与多归属的特征也都会影响价格结构。即使在简单的情形下，双边产品的价格也由两边的需求弹性和平台运行成本决定。《禁止滥用市场支配地位行为暂行规定》仅模糊补充了应该综合考虑免费市场和收费市场，但具体如何操作在实践中仍然是一个难题。

---

〔1〕　Baumol, "Quasi - permanence of Price Reduction: A Policy for Prevention of Predatory Pricing", *Yale Law Journal*, 1979 (89).

〔2〕　唐要家："策略性掠夺性定价及反垄断规则"，载《财经问题研究》2005 年第 8 期。

〔3〕　[美] 理查德·A. 波斯纳：《反托拉斯法》，孙秋宁译，中国政法大学出版社 2003 年版，第 251~252 页。

4. 低于成本定价可能具有合理性

平台型产业的价格结构是倾斜式、非对称价格结构，即对一边用户是低于边际成本定价，或者是零价格，而对另一边用户的价格是边际成本定价或高于边际成本定价。[1] 在平台企业的双边用户间存在着交叉网络效应，当平台中有越多的一边用户，则另一边的用户将越有动机参与到平台中来，平台双边用户间的交叉网络效应就形成正反馈效应。而平台企业为了获取这种正反馈效应，必须使一边用户更多地参与，平台实施的手段可以是以较低的价格甚至是补贴价格来吸引更多的该边用户。当平台企业已经拥有一定规模的双边用户基础时，也并不意味着就可以向原先低于边际成本定价的某边用户收取较高的价格。这是因为当平台企业向某边用户收取较高的价格时，该边用户参与平台的动机将降低，这会造成平台企业吸引该边用户的量大大减少，而通过交叉网络效应又使得参与平台的另一边用户数量减少，造成平台的交易量大大地减少，反而导致平台企业利润的降低。因此，双边市场中对于一边市场采取免费定价策略往往具有合理性。

四、拒绝交易

(一) 拒绝交易行为表现

反垄断法意义上的拒绝交易，泛指一切有可能排除、限制竞争的拒绝交易形式。互联网企业拒绝交易有两种形式：一是已经存在交易情况下的拒绝即中断交易，拥有技术优势的互联网企业往往在特定市场具有优势地位，交易相对人容易对其产生技术上的依赖，如果被中断交易，相对人在竞争中会受到极大的不利影响；二是拒绝与新的交易对象交易，通常表现为通过技术手段设置市场进入壁垒排挤潜在竞争对手。[2]

---

〔1〕 程贵孙、李银秀："平台型产业反垄断规制的几个关键问题研究"，载《当代财经》2009年第7期。

〔2〕 叶明：《互联网经济对反垄断法的挑战及对策》，法律出版社2019年版，第123页。

（二）拒绝交易典型案例

在唐山人人公司诉百度公司案中，原告唐山人人公司作为一家从事医药信息服务咨询的公司，为了提高旗下"全民医药网"的点击率，与百度公司的河北代理商签订了《竞价排名协议》，但唐山人人公司发现自2008年5月起减少对百度竞价排名的投入后，其"全民医药网"在搜索引擎中的排名大幅降低。原告认为其遭受了百度公司的全面恶意屏蔽，此种行为属于百度公司作为市场地位的支配者所实施的拒绝交易行为。

被告百度公司辩称，其提供的搜索引擎服务是免费的，因此该市场并不是本案涉及的相关市场。而百度公司减少原告网站收录的原因在于其网站存在大量的"垃圾外链"，减少收录是一种反作弊措施，具有正当性。本案经过两审，争议焦点在于：其一，百度公司是否具有市场支配地位，其二，百度公司是否由于原告降低竞价排名投入而实施了恶意屏蔽行为。对于争议焦点一，在相关市场认定方面已经作出了论述，争议焦点二涉及的拒绝交易行为，则正好体现了互联网平台拒绝交易的特殊性。

（三）互联网平台拒绝交易行为的特殊性

1. 行为目的的特殊性

互联网平台拒绝交易主要是为了防止竞争对手在使用其技术标准或知识产权的基础上研发出新技术，从而对其垄断势力产生冲击。同时，通过拒绝交易，互联网企业能够达到对技术标准的独占，从而持续获得高额垄断利润。[1]

2. 实施手段的特殊性

数字经济时代的产品突出了技术化和信息化的特征，因此互联网平台的拒绝交易行为在实施手段上也具有特殊性，以拒绝使用标准或利用标准导致不兼容和拒绝使用关键设施为典型。

有支配地位的经营者所掌握的安全标准、技术标准往往会成为行业标

---

[1] 叶明：《互联网经济对反垄断法的挑战及对策》，法律出版社2019年版，第124页。

准。该标准通常具有强制性和不可替代性，掌握标准的互联网经营者可以通过拒绝使用标准的方式阻止潜在竞争者进入市场，或利用标准导致不兼容而将现有竞争者排斥出相关市场，从而消除市场竞争，巩固其市场支配地位。[1]

关键设施原则是指当某项设施对于经营者能否进入市场起关键性的决定作用时，该设施的所有人有义务准许他人使用该关键设施。该理论源自美国一些联邦巡回上诉法院在关于《谢尔曼法》第二条禁止垄断的裁决中，要求控制关键设施的垄断企业必须承担以无歧视条件提供该设施的义务。[2]数字经济领域对关键设施原则的适用大多集中在电信等基础设施接入服务中，忽视了在互联网平台中，数据也极具关键性。数据作为一种竞争要素，如果某一个平台持有的数据的规模和范围达到了竞争对手无法超越的水平，不仅会排除、限制竞争对手，还会在上下游市场中获得竞争优势。在这种情况下，如果控制者拒绝竞争者使用数据信息，很大程度上可以达到拒绝使用关键设施的排除、限制竞争效果。

（四）拒绝交易的规制难点

互联网平台拒绝交易具有效率合理性。互联网经济是注意力经济，大量交易发生在虚拟平台上，因此更加需要良好的信誉保证。消费者数量的减少就意味着注意力的减少和收入的减少。[3]因此，互联网企业千方百计地增加和维持消费者数量是其日常的一项重要任务，对负面信息和用户拒绝交易有正当合理性。

互联网平台拒绝交易可以有效防止"搭便车"的情况，进而促进创新。如果强制互联网平台对其他平台进行兼容，有两种方式。一是一群企

---

〔1〕 刘佳、张伟："'互联网＋'语境下拒绝交易行为的反垄断法规制"，载《商业研究》2017年11期。

〔2〕 张哲："析'关键设施'原则在知识产权许可领域的应用"，载《电子知识产权》2011第5期。

〔3〕 蒋岩波：《互联网行业反垄断问题研究》，复旦大学出版社2019年版，第193页。

业通过共同采用同一技术标准来实现彼此兼容；二是单个企业通过安装转换器使其产品与其他企业产品兼容。对于第二种方式，单个企业是否同意兼容请求，取决于兼容前后企业的收益变化和兼容的成本支出。市场支配地位的取得往往是企业在早期的市场竞争中积极进行技术创新的结果，是对高效率和创新的必要激励，强制兼容有可能使其他企业"搭便车"的情况出现，消除创新和效率激励，不利于竞争和创新。

互联网平台的拒绝交易行为有助于支配企业排除上下游的竞争，将经营者的市场支配地位从上游市场传导至下游市场，进而建立新的支配地位，排除、限制竞争，消费者福利也将会受到损害。

综上所述，在有些情况下，互联网平台的拒绝交易行为符合商业伦理并且有助于市场竞争的优化；但有些情况下，拒绝交易行为却造成了排除、限制竞争的后果，并损害了消费者福利。在拒绝交易行为具有合理性和损害后果的冲突时，如何平衡二者的关系加大了适用《反垄断法》进行规制的认定难度。[1]

五、差别待遇

（一）差别待遇的类型及行为表现

我国《反垄断法》禁止在没有正当理由的情形下，对条件相同的交易相对人在交易价格等交易条件上实行差别待遇。[2]《禁止滥用市场支配地位行为暂行规定》对差别待遇的具体形式进行了列举，同时也对"条件相同"和"正当理由"作了相应解释。[3]欧洲监管中心在 2017 年发布的相关报告中，将差别待遇归纳为以下四种类型。[4]

---

〔1〕　张志伟："中国互联网企业拒绝交易行为的反垄断法律规制探讨"，载《江西财经大学学报》2015 年第 3 期。

〔2〕　《反垄断法》第十七条。

〔3〕　《禁止滥用市场支配地位行为暂行规定》第十九条。

〔4〕　Centre on Regulation in Europe, *Internet Platforms and Non-Discrimination*, 2017, pp. 30-31.

第一，排斥性歧视。该种歧视往往通过掠夺性定价、独家交易、忠诚回扣以及捆绑搭售来完成，目的在于排除实际存在或潜在的竞争对手而非剥削消费者福利，对该种行为的评价也侧重于对竞争效果的影响。这种排除性效果通常会影响主导企业直接的竞争对手，或者下游客户，尤其是在纵向一体化关系中，主导企业通过传导效应将原有市场力量传递至其他相关市场的动机更大。

第二，剥削性歧视。该种行为是指占主导地位的企业通过对消费者采取个性化定价措施，赚取消费者剩余，通常不会对竞争对手产生排斥性影响。反垄断执法机构是否需要介入该种行为，以及如何介入仍然有争议。因为竞争法关注的是竞争效果及消费者整体利益，但上述行为对消费者整体利益以及社会总福利的影响有利有弊。

第三，基于国籍或地理位置的价格歧视。这种个性化定价并非以赚取消费者剩余为目标，更多的是与市场内部的竞争有关。

第四，价格歧视。该行为是指通过对同等交易采用不同的价格来扭曲市场，不要求完全排斥竞争对手，而是使其处于竞争劣势。这种滥用的反竞争效果不是导致竞争者权利的丧失，而是下游市场竞争过程的扭曲。

（二）差别待遇的典型案例

1. 某 OTA 平台存在"大数据杀熟"

OTA 平台被揭露能够基于消费者的地理位置信息、购买使用频率、历史浏览记录、之前购买情况、需求紧迫程度、消费支付能力、浏览终端类别，甚至是性别、年龄、所属行业等进行多维度的综合判断，可能会针对相同的商品或者服务，向不同的消费者提供不同的价格，有可能形成定价歧视，即通常意义上讲的"杀熟"。[1]有观点认为，"大数据杀熟"只是企业采取的市场行为，通过部分定价策略和市场策略，以差异化定价的方式实现了利润最大化，有助于扩大消费群体，保证产品供给，从而增进社

---

〔1〕 施春风："定价算法在网络交易中的反垄断法律规制"，载《河北法学》2018 年 11 期。

会总体福利。也有观点认为，"大数据杀熟"实为企业为了获得灰色超额利润所实施的"价格歧视"，损害了消费者权益，构成了违背消费者知情权的价格欺诈行为，也不为《中华人民共和国价格法》[1]所允许。

2. 欧盟谷歌比较购物垄断案

谷歌在整个欧洲经济区的通用互联网搜索引擎服务市场中具有极高的市场力量，处于主导地位。2004年，谷歌进入欧洲的比较购物市场，比较购物网站的功能在于消费者可以在线比较产品和价格，并从各种类型的在线零售商包括制造商的在线商店处获得交易。

起初，谷歌的该比较购物网站竞争优势并不明显，因此从2008年开始，谷歌开始在德国、英国等多个欧洲市场实施一项根本性的战略转变，以推动其比较购物服务。该策略依靠谷歌在一般互联网搜索中的优势，而不是在比较购物市场的优势进行竞争。谷歌系统地为其比较购物服务提供了突出的位置，当消费者在谷歌搜索引擎中输入与谷歌比较购物服务显示结果相关的查询时，这些查询就会显示在搜索结果的顶部。同时，谷歌在其搜索结果中将竞争对手的比较购物服务降级，滥用了其作为搜索引擎的市场优势。

比较购物服务在很大程度上依靠流量来提高竞争力，搜索引擎是比较购物服务的重要流量来源。事实上，消费者在可见度更高的结果上点击这一服务的频率更高，而谷歌的滥用行为为其比较购物网站提供了极大的竞争优势。有证据表明，即使排名最高的竞争对手服务也仅出现在谷歌搜索

---

〔1〕《中华人民共和国价格法》第十四条规定，经营者不得有下列不正当价格行为：（1）相互串通，操纵市场价格，损害其他经营者或者消费者的合法权益；（2）在依法降价处理鲜活商品、季节性商品、积压商品等商品外，为了排挤竞争对手或者独占市场，以低于成本的价格倾销，扰乱正常的生产经营秩序，损害国家利益或者其他经营者的合法权益；（3）捏造、散布涨价信息，哄抬价格，推动商品价格过高上涨的；（4）利用虚假的或者使人误解的价格手段，诱骗消费者或者其他经营者与其进行交易；（5）提供相同商品或者服务，对具有同等交易条件的其他经营者实行价格歧视；（6）采取抬高等级或者压低等级等手段收购、销售商品或者提供服务，变相提高或者压低价格；（7）违反法律、法规的规定牟取暴利；（8）法律、行政法规禁止的其他不正当价格行为。

结果的第四页，而其他服务的排名甚至更低。谷歌自己的比较购物服务不受谷歌通用搜索算法（包括此类降级）的约束。

谷歌的非法行为对谷歌自己的比较购物服务和竞争对手服务之间的竞争产生了重大影响。这一行为使谷歌的比较购物服务获得了可观的流量增长，而其竞争对手却为此付出了沉重代价，这一行为还损害了欧洲消费者的利益。

考虑到侵权行为的持续时间和严重性，欧盟委员会最终对谷歌的滥用行为作出了严厉处罚，裁决其承担巨额罚款，同时需在90天内停止其非法行为，避免采取具有相同或等同目的或效果的任何措施，遵守对竞争对手的比较购物服务及其自身服务给予同等对待的简单原则。[1]

（三）互联网平台差别待遇的特殊性

1. 大数据有助于互联网平台实现差别待遇

用户在互联网平台的信息注册、地域定位、行为轨迹都产生了大量的数据，而这些数据某种程度上反映了消费者的个人偏好。平台企业可以使用数据来推断消费者的支付意愿，一般情况下收集到的现有或潜在的用户数据越多，对消费者支付意愿的估计就越准确。如果某互联网平台本身具有一定的市场力量，其可以利用丰富的数据估计消费者意愿，并且成功实行个性化定价。[2]

企业对不同消费者直接实行差别定价的方式有时过于直白，尽管消费者也难以轻易直观地发现，只有通过不同情形下的比较，才会有所怀疑。然而，现在还存在对于消费者来说更为"隐晦"的差别定价，这对于消费者来说更容易接受。例如，企业向所有消费者提供相同的统一价格，

〔1〕Antitrust: Commission fines Google 2.42 billion for abusing dominance as search engine, https://ec.europa.eu/malta/news/antitrust-commission-fines-google-%E2%82%AC242-billion-abusing-dominance-search-engine_en.

〔2〕Centre on Regulation in Europe, *Big Data and Competition Policy: Market power, personalised pricing and Advertising*, 2017, p. 40.

但设定个性化的折扣，而折扣的比较则更为复杂，消费者的负面反应将会相应降低。[1]此外，企业也会糅合质量等多种产品参数进行差别定价，增加了消费者评估和比较的复杂性，导致消费者很难识别出同一产品的不同定价策略。

此外，平台利用大数据及其算法实现"搜索歧视"也具有隐蔽性，不容易被消费者甚至竞争执法机构察觉。根据现有的消费信息，对用户搜索的结果进行排序，这一排序结果不但会对不同群体的客户展示不同的产品以及价格以实现差别待遇，也有可能使主导企业达到排除、限制竞争的效果。[2]

2. 条件相同认定的特殊性

《禁止滥用市场支配地位行为暂行规定》第十九条明确了条件相同是指交易相对人之间在交易安全、交易成本、规模和能力、信用状况、所处交易环节、交易持续时间等方面不存在实质性影响交易的差别。但互联网平台的产品具有信息性、虚拟性、不确定性，无法像传统产品一样对其物理特征进行具体量化，并且互联网产品的价格不受运输、存储、时间成本的影响，因此在判断相同条件时主要需要考虑产品性能及主要功能的差异，但其主观性较强，判断较为困难。此外，由于互联网产品的零价格特征，如何确定交易成本也具有较大的不确定性。

（四）差别待遇的规制难点

1. 监测不足

在现行《反垄断法》下，无法通过滥用市场支配地位对差别待遇行为进行有效规制。我国《反垄断法》规定价格歧视的适用对象仅限为"具有市场支配地位的经营者"。比较而言，通过数据和算法实施差别待遇的竞争主体，并不一定需要拥有市场支配地位。只要能够掌握足够多的数据和

---

[1]　Centre on Regulation in Europe, *Big Data and Competition Policy: Market power, personalised pricing and Advertising*, 2017, p.41.

[2]　仲春："搜索引擎排序权的滥用与规制研究"，载《竞争政策研究》2016年第1期。

信息，对用户进行高精度的画像，就能够利用动态定价的便利条件，随时随地修改价格，从而对不同交易主体实施不同定价。另外，大型企业可能会担心自己的声誉，在进行差别定价时犹豫不决，害怕引起消费者的负面反应，而小企业实施差别待遇的动机更为强烈，且小企业由于自身规模与竞争实力，实行差别待遇对其所造成的不利影响较小。[1]

此外，执法机构对差别待遇的监测也有相当阻力。审计差别待遇的算法过于复杂和昂贵，且有可能会对企业的创新动机产生负面影响。要求相关企业披露算法涉及企业运营的核心甚至是商业秘密，因此这种做法也不可行。[2]

2. 差别待遇的实质后果具有双重性

一方面，对于经营者而言，利用大数据可以使每个经营者能够针对特定消费者进行更具竞争力的价格调整，从而引发更激烈的竞争，激发市场活力。[3]对消费者来说，基于大量个人数据和分析结果的差异化定价可以优化交易节奏，使每一个客户都按照自己的价格预期完成交易，实际上提升了价格竞争空间。而具有针对性的个性化广告也使得消费者容易获得与之偏好相对应的产品或服务，降低消费者的搜索成本，最终促进市场交易效率。[4]此外，市场中已存在的竞争者会从大数据中识别潜在竞争者的威胁，从而迅速、积极减低价格，潜在竞争者也可以利用大数据预测和降低进入成本，这有助于提升资源配置效率，最终带来社会总福利的提升。

另一方面，这种歧视性定价及差别待遇首先打破了用户的平等性，造

〔1〕 Centre on Regulation in Europe, *Big Data and Competition Policy: Market power, personalised pricing and Advertising*, 2017, p. 47.

〔2〕 Centre on Regulation in Europe, *Big Data and Competition Policy: Market power, personalised pricing and Advertising*, 2017, p. 48.

〔3〕 曾雄：“数据垄断相关问题的反垄断法分析思路”，载《竞争政策研究》2017年第6期。

〔4〕 Centre on Regulation in Europe, *Big Data and Competition Policy: Market power, personalised pricing and Advertising*, 2017, pp. 52–53.

成消费者剥削，侵犯了消费者的公平交易权。此外，采取不透明的差别待遇策略，一旦消费者对平台的差别待遇行为作出负面反应，将极有可能降低消费者对在线市场的信任。个性化定价也可能会导致公司降低其产品的质量，企业希望具有高支付意愿的消费者支付更高对价，它们将可能采取一种策略，即降低低支付意愿者的产品质量。该种策略对于数字产品尤其可行，因为质量退化的成本很低。[1]

差别待遇也将有可能作为一种手段来限制潜在竞争对手进入相关市场，并排除、限制竞争。例如，一家公司可以通过个性化定价在相关市场或细分市场设定非常低的价格以阻止竞争对手的进入，设置忠诚折扣同样可以达成相同效果。[2]除了直接针对消费者的差别定价，企业在交易相对人之间设置不同的交易条件，将一个市场的市场力量传导至上游或下游市场，也构成了反竞争，减少了交易相对人的创新激励。

综上所述，在当前的《反垄断法》框架内规范差别待遇，需要结合不同情形和个案做更加细致的经济学分析，才能得出相应结论。

六、拒绝数据开放与共享

（一）拒绝数据开放与共享的含义

互联网平台拒绝数据开放与共享作为拒绝交易的表现形式之一，是指拥有市场支配地位的数据持有企业，拒绝向竞争对手或者第三方开放其拥有的特定数据资源，这可能构成市场支配地位的滥用。因其数据的特殊属性，对该行为的认定处理存在较大争议。

（二）拒绝数据开放与共享的典型案例

拒绝数据开放与共享的典型案例是 hi Q 诉领英案。hi Q 是一家数据分

---

〔1〕　Centre on Regulation in Europe, *Big Data and Competition Policy*: *Market power*, *personalised pricing and Advertising*, 2017, p. 45.

〔2〕　Centre on Regulation in Europe, *Big Data and Competition Policy*: *Market power*, *personalised pricing and Advertising*, 2017, pp. 46-48.

析公司，主要利用领英平台上的公开数据通过数据及算法为企业提供员工行为测评服务。领英作为一个领先的职业社交平台，为注册用户维护他们在商业交往中认识并信任的联系人。在领英网站上，用户可以自行选择注册不同等级的隐私保护体系，包括完全公开，对联系人公开，关系网公开等。如果用户选择完全公开信息，则其资料可以向领英以外的人士公开。另外，领英允许例如谷歌在内的全网搜索引擎收录信息。

hi Q 的商业模式主要依赖于领英的公开数据，过去其一直获取并使用该网站上的公开数据，领英并未反对。但在 2017 年 5 月，领英却向 hi Q 发函，要求其停止获取数据，同时以技术手段阻止 hi Q 继续获取数据。

2017 年 6 月，hi Q 向加州北部地区法院提起诉讼，指控领英违法。2017 年 8 月，法院发出禁令，要求领英 24 小时内移除任何妨碍 hi Q 获取其公开数据的技术障碍，即不得拒绝对 hi Q 数据开放。法院认为，hi Q 高度依赖于领英的公开数据，而且领英在此前一直向 hi Q 开放数据，并且没有理由地突然拒绝向 hi Q 提供数据，与此同时，领英正在利用自己的数据开发一款与 hi Q 直接竞争的产品。hi Q 所处的数据分析市场与领英平台的数据具有上下游关系，领英平台的公开数据是下游市场的重要投入品，因此没有合理理由拒绝提供数据不能得到法院支持。[1]

（三）拒绝数据开放与共享的规制难点

1. 数据共享的实质效果具有双重性

数据共享往往有利于竞争，其可以加强数据访问，解决数据瓶颈，并有助于充分地激发创新潜力。汇集同一类型的数据或补充数据资源可使公司开发新的或更好的产品或服务，或在更广泛、更有意义的基础上培训算法，给消费者带来某种福利。[2]但另一方面，如前所述，企业在数据收集和获取方面投入了极大量的资金，强制企业进行数据开放与共享实际上会

---

〔1〕 参见曾雄："以 hiQ 诉 LinkedIn 案谈数据竞争法律问题"，载《互联网天地》2017 年第 8 期。

〔2〕 European Commission, *Competition policy for the digital era*, 2019.

减少企业相关投资及创新的动力，降低企业本身的竞争优势，而数据开放也面临着对用户隐私的侵犯。在新浪诉脉脉一案中，法院认为新浪微博将用户信息作为其研发产品、提升企业竞争力的基础和核心，实施开放平台战略向第三方应用有条件地提供用户信息，目的是保护用户信息的同时维护新浪微博自身的核心竞争优势。未经新浪微博用户的同意，获取并使用非脉脉用户的新浪微博信息，节省了大量的经济投入，变相降低了同为竞争者的新浪微博的竞争优势，实际上侵犯了微梦公司（此公司经营新浪微博）的合法权益。[1]从该法院判决可以看出我国对于数据开放持较为谨慎的态度，因此，如何把握数据开放的范围极为重要。

2. 数据共享的关键在于必要设施的认定

大多数国家认为在分析企业拒绝提供数据是否属滥用市场支配地位，是否有达到排除、限制竞争的后果方面，关键点在于相关数据是否属于必要投入品、是否需适用必要设施原则。尽管欧洲在《一般数据保护条例》中明确规定数据控制方有义务向数据主体即用户提供移植相关个人数据的便利，不得阻碍数据主体移植其数据。但该条款实质上是增强了用户对其个人数据的控制权和可携权，而非针对企业。[2]在企业之间的数据开放与共享这一问题上，欧盟认为不能轻易强制企业进行数据开放与共享，只有当一个企业拒绝给予的行为对于一种产品而言是不可或缺的，而且拒绝行为阻碍了新产品的出现，同时用户对这种新产品有需求，此外这种拒绝行为没有客观理由时，法院才对企业施加强制接入或分享的义务。[3]美国对于数据共享的条件更为严苛，美国法院一直对适用反垄断法强迫企业分享数据持怀疑态度。强迫分享数据意味着被强迫方会减少对创新的投资，数据收集、存储和分析并不是免费的，也不容易实现，一味地要求开放共享

〔1〕 北京知识产权法院（2016）京 73 民终 588 号民事判决书。

〔2〕 European Commission, *Competition Policy for the Digital Era*, 2019.

〔3〕 曾雄："以 hiQ 诉 LinkedIn 案谈数据竞争法律问题"，载《互联网天地》2017 年第 8 期。

只会加重企业的负担。[1]《禁止滥用市场支配地位行为暂行规定》第十六条沿用了《工商行政管理机关禁止滥用市场支配地位行为的规定》（已失效）相关法条，认定构成拒绝交易的表现形式之一是拒绝对象构成了必要设施，同时对必要设施作出了列举性规定。

在认定涉及拒绝交易行为时，尽管各国对于必要设施理论的适用保持较为统一的态度，但在适用上，对必要设施的具体理解还存在一定争议。除此之外，还需要关注拒绝的理由是否恰当、数据主体是否同意、隐私保护、是否产生了排除或限制竞争的后果等方面，这给拒绝数据开放的规制问题带来了进一步挑战。[2]

七、隐私保护维度的特殊问题

（一）隐私保护维度的典型案例

此处以在德国的脸书滥用个人数据案为例。脸书是全球最大的社交网络，拥有约 20 亿活跃用户，主要通过平台上的精准广告获取营收，这得益于脸书所收集的大量用户数据。经查，脸书从第三方应用程序，包括它自己的 WhatsApp 和 Instagram 服务中获取用户数据，甚至对不是其用户的人进行在线跟踪。这包括跟踪脸书内"喜欢"或"共享"按钮网站的访问者。此外，没有明显的迹象表明脸书也会通过相关页面观察访问者。早在 2016 年 3 月，德国政府就对脸书展开反垄断调查，以评估其是否通过违反数据保护法而滥用其市场地位。2018 年约 8700 万用户信息泄露事件被曝出后，德国联邦卡特尔局局长蒙德特再次表示，脸书对用户数据的收集方式是有问题的，德国联邦卡特尔局将对脸书采取行动。德国联邦卡特尔局于 2017 年 12 月给出了初步的调查结果，称脸书滥用其市场主导地位，利用所收集的用户数据提供精准广告服务，以从中获利。德国联邦卡特尔局在

---

〔1〕 费方域等："数字经济时代数据性质、产权和竞争"，载《财经问题研究》2018 年第 2 期。
〔2〕 费方域等："数字经济时代数据性质、产权和竞争"，载《财经问题研究》2018 年第 2 期。

初步调查卷宗中进一步指出，根据脸书的合同，如果人们不接受整个套餐协议，他们就不能使用这个网络，且通常脸书在调控中要求用户准许脸书将个人数据用于广告目的，然而用户通常因为条款的冗长、复杂、模糊程度并不知情，而这样的服务条款本身是"不适当"的。最终，德国联邦卡特尔局下令打击脸书的数据收集行为。脸书表示，该监管机构低估了自己面临的市场竞争，并破坏了2018年在全欧洲范围生效的隐私法规，将对德国联邦卡特尔局作出的裁决提出上诉。

（二）互联网平台涉及用户隐私行为的特殊性

1. 互联网平台搜集数据的隐蔽性

一般情况下，当个人隐私安全受侵犯时，被侵害人往往会采用民法或消费者保护法寻求救济，与竞争法的关联度很小。然而在数字经济时代背景下，互联网收集用户信息却有其特殊性。一方面，在传统行业，消费者提供个人的基本信息往往是一次性的，但互联网背景下的用户信息在持续更新，平台也会对消费者的数据进行追踪，并由此进行分析和衍用；另一方面，互联网平台获取数据通常是建立在消费者授权基础上的（即使这种授权消费者并不知情），并且可以被看作其为消费者提供基础性免费服务的对价，但这种对价在法律上并未定性，这也给消费者隐私安全法律保护的实现设置了障碍。[1]

2. 隐私保护或成为企业竞争的重要因素

欧盟数据保护监督委员会于2014年出具的报告中指出，用户实际上越来越重视隐私问题，并且将隐私政策与服务质量挂钩，认为二者呈正相关。[2]因此，优质的隐私安全服务在未来或许会成为平台参与市场竞争的一个重要因素。只有当消费者完全知悉其选择所带来的隐私风险，且市场提供符合其隐私偏好的竞争性选择时，经营者才能在隐私保护上展开

---

〔1〕　陈兵："大数据的竞争法属性及规制意义"，载《法学》2018年第8期。

〔2〕　European Data Protection Supervisor, *Privacy and Competitiveness in the Age of Big Data*, 2014.

竞争。[1]但事实上，企业之间关于隐私保护的竞争严重不足，如果企业间的竞争激烈，企业为获得用户会重视对隐私的保护，互联网平台经营者不够重视或者降低隐私保护恰好代表了竞争被弱化，缺乏隐私保护维护的动力。因此，从这个角度看，消费者隐私保护可以成为企业之间非价格竞争的因素之一。[2]

3. 影响消费者利益

用户的个人信息与消费者利益息息相关，并且仍然具有隐私关切，用户中又以年轻人居多。但由于竞争缺乏，消费者的隐私关切并不能得到满足。因此，隐私保护层面的消费者福利与竞争法尤其是反垄断法存在一定关联。

如前文所述，用户提供的基本信息与行为数据可以帮助互联网平台企业获得更强的市场力量，在其主导地位形成以后，企业就有动机降低隐私保护标准。[3]具体表现在：第一，尽管某些大企业声称其收集用户数据得到了授权，但往往提供的是一系列模糊、冗长、复杂的隐私政策，信息不对称使得消费者对授权范围、具体用途并不知情。[4]第二，平台提供的隐私政策往往在用户服务协议中以格式条款的形式规定，用户只能机械地选择接受与否，在市场并未提供给消费者相当选择的前提下，由于网络平台的特性，用户的自由选择权实际受到了极大限制。第三，互联网领域的企业在具有一定市场力量的情况下，极有可能通过排他性行为组织潜在竞争对手进入市场，阻碍了隐私保护的创新型做法，并且限制了消费者对隐私保护的考虑。[5]

---

〔1〕 [美] 莫里斯·E. 斯图克、艾伦·P. 格鲁内斯：《大数据与竞争政策》，兰磊译，法律出版社 2019 年版，第 20 页。

〔2〕 参见曾雄："数据垄断相关问题的反垄断法分析思路"，载《竞争政策研究》2017 年第 6 期。

〔3〕 French Competition Authority and German Federal Cartel Office, *Competition Law and Data*, 2016.

〔4〕 Australian Competition and Consumer Commission, *Digital Platforms Inquiry*, 2019.

〔5〕 韩伟、李正："反垄断法框架下的数据隐私保护"，载《中国物价》2017 年第 7 期。

（三）隐私保护维度的规制难点

1. 隐私保护难以评估，易增加执法难度

非价格竞争维度的评估一直是反垄断执法的难点，隐私保护作为非价格因素之一，因其具有主观性，量化的难度更大，目前缺乏有效的竞争工具衡量隐私保护的下降程度。[1]有学者提出可以通过消费者行为观察隐私保护的下降程度，即提供隐私保护需要产生成本，不仅体现在本身的投入资金上，而且会影响企业通过投放定向广告或者出售消费者信息取得收入。企业需要衡量提供多大程度的隐私保护才能吸引或留住用户使用其免费在线服务。[2]事实上，市场并未提供给消费者足够的替代选择，消费者仍然有可能继续选择原有平台企业。因此，在缺乏准确经济分析工具的情况下，执法机构的自由裁量有较大的不确定性，这会增加执法难度，降低执法确定性。

2. 隐私保护纳入反垄断法框架的疑虑

隐私及个人信息保护目前是由专门立法进行规定，竞争法的根本目的在于保护有效竞争，考量范围也主要集中于竞争效果。试图由竞争法和消费者保护法来共同保护隐私可能会给互联网经济带来一定风险，过度严苛的保护也可能降低企业的投资、创新动力。除此之外，其他部门法对数据即隐私的保护与反垄断法保护的目的不同，前者立足于对个人信息保护本身，后者在于对竞争的考量，这容易造成反垄断执法部门与其他部门在处理同一隐私问题上的混同与冲突。[3]

---

〔1〕　Nils Peter Schepp & Achim Wambach, "On Big Data and Its Relevance for Market Power Assessment", *Journal of European Competition Law & Practice*, 2015（12）.

〔2〕　［美］莫里斯·E. 斯图克、艾伦·P. 格鲁内斯：《大数据与竞争政策》，兰磊译，法律出版社 2019 年版，第 187 页。

〔3〕　Paul Gilbert & Richard Pepper, "Privacy Considerations in European Merger Control: A Square Peg for a Round Hole", *CPI Antitrust Chronicle*, 2015（5）.

第四节 互联网平台滥用市场支配地位的规制路径

一、立法建议

我国《反垄断法》第十七条至第十九条分别针对滥用市场支配地位行为的行为类型、认定市场支配地位的考量因素和市场支配地位的推定制度作出了规定。在数字经济背景下，互联网平台的诸多特点给滥用市场支配地位行为的立法规制带来了很多挑战。为适应互联网平台竞争的特点，可以从以下几个方面对滥用市场支配地位的立法规制作出调整。

（一）调整支配地位推定的方法和标准

可考虑根据企业的类型采用分类设置推定标准的方法为互联网企业和非互联网企业设定不同的推定标准。我国《反垄断法》第十九条规定了市场支配地位推定制度，即当企业在市场中占有一定比例的市场份额时就可以推定该企业具有市场支配地位，除非企业有证据证明其不具有市场支配地位。市场份额所反映的是相关市场中的市场结构，虽然互联网行业特别容易形成寡头垄断的市场结构，但寡头垄断市场结构并不意味着该市场的竞争就不激烈。[1]在认定互联网平台企业市场支配地位时，面临的一个重大难题就是受到互联网平台动态竞争和双边市场网络外部性的影响，市场份额与市场势力之间的相关性大大减弱，这就导致难以直接依据市场份额来确定企业是否具有市场支配地位。一方面，动态竞争的特点造成在数字经济背景下的互联网平台企业始终面临着市场中创新所带来的潜在竞争压力，即使在市场中占有较大的市场份额也难以长时间地维持。另一方面，互联网平台双边市场的网络外部效应使得企业的市场势力受到两边市场的

---

〔1〕 叶明："互联网行业市场支配地位的认定困境及其破解路径"，载《法商研究》2014年第1期。

同时影响，这导致即使互联网平台在一边市场具有较高的市场份额也依然难以形成市场支配地位。在《反垄断法》立法过程中应当着重考虑互联网平台竞争的这一特性，在认定互联网平台市场支配地位时应适当地提高推定企业具有市场支配地位的标准。市场支配地位推定制度意味着一旦企业所占的市场份额高于一定数值，则在反垄断审查中将由该企业承担证明自己不具有市场支配地位的举证责任。如果在认定互联网平台市场支配地位时将推定的标准设置得过低，会使一些正常经营的不具有市场支配地位的企业受到不必要的规制，导致反垄断机构过度执法。

（二）在市场支配地位认定中引入创新积极度标准

可将市场中的创新积极度作为认定互联网平台市场支配地位的重要考量标准，并在立法中明确。在互联网平台市场中，创新已成为平台参与竞争的最有力方式，尤其是一些创新常导致市场结构在短时间内发生颠覆性的变化。因此市场中的创新积极度能直观地反映市场中竞争的激烈程度，在一个创新积极度很高的市场中，企业将难以在很长时间内维持其市场份额。我国《反垄断法》第十八条规定了认定企业市场支配地位时应当依据的几个因素，但并未将市场中的创新积极度明确纳入应当考量的因素。虽然国家市场监督管理总局于2019年公布的《禁止滥用市场支配地位行为暂行规定》第十一条指出，认定互联网等新经济业态经营者具有市场支配地位可以考虑相关行业的市场创新，但鉴于市场创新在互联网平台竞争中所具有的重要作用，可以考虑在修订《反垄断法》时明确将市场中的创新积极度作为互联网企业市场支配地位认定应当考量的因素。

（三）增加侵害用户隐私的滥用行为类型

随着数字经济的各种特点对互联网领域竞争影响的不断加深，非价格的产品质量竞争在互联网平台竞争中占据了越来越重要的地位。基于互联网平台竞争的这一特点，价格及其弹性作为一种基本且显著的竞争标尺和测量指标已经无法精准地描述竞争的真实境况和实际程度，[1]一些非价格维度的市场竞争应成为反垄断关注的重点。互联网平台的数据获取和分析能力以及对大数据的应用能力已成为其在非价格维度市场竞争的一个重要方面。基于大数据应用的互联网平台可以更加准确地对消费者需求以及市场动态进行预测，并进一步加强平台的市场势力。但当互联网平台为获取更多的数据建立或维持其市场优势而在未经用户同意的情况下收集用户的个人数据或活动数据，或者强制用户同意平台提出的一些关于数据收集的服务条款或隐私政策时，互联网平台的数据收集行为就给消费者的隐私安全带来了威胁。《反垄断法》第一条明确规定了保护市场公平竞争和维护消费者利益、社会公共利益是本法的立法目标，并且《反垄断法》第六条规定了"具有市场支配地位的经营者，不得滥用市场支配地位，排除、限制竞争"。具有市场支配地位的经营者滥用市场支配地位侵害用户隐私的行为至少导致以下几种排除或限制竞争的效果或者消费者利益的损害。

1. 侵害用户自由选择权

该行为将严重侵害消费者对互联网平台的自由选择权。随着互联网平台的数据收集行为与保护消费者隐私之间的矛盾逐渐凸显和加剧，平台对用户隐私的保护程度及保护机制将成为决定互联网平台产品质量的一个重要因素，这一点在主要注重质量竞争的零价格竞争市场中尤其明显。因此，当隐私保护成为市场竞争中的一项重要竞争参数时，较差的质量可能体现为企业降低隐私保护的标准以实现更多的个人数据收集。[2]消费者理应有权利自由选择市场中质量更高的产品或服务，而由于直接网络效应的存在，一个具有市场支配地位的互联网平台将在市场中对消费者产生较强的锁定效应，使得消费者选择其他平台的转换成本较高。因此当一个具有

---

〔1〕 陈兵："大数据的竞争法属性及规制意义"，载《法学》2018 年第 8 期。

〔2〕 BEUC, *Shaping Competition Policy in the Era of Digitalization：Response to public consultation*, 2018.

市场支配地位的平台向消费者提出一项不合理的隐私保护条款时，即使市场中有其他同类平台提供的产品或服务可以更好地保护消费者隐私，但由于存在较高的转换成本，消费者很难自由地转向其他平台而只能接受具有市场支配地位的平台提出的要求。这实际上是互联网平台经营者通过滥用市场支配地位对消费者利益的侵害以及对消费者隐私数据的剥削。

2. 滥用数据隐私以增强市场力量

该行为将导致具有市场支配地位的互联网平台不正当地加强其市场支配地位，提高市场进入壁垒，从而排除或限制市场竞争。在互联网平台市场中，平台对数据的收集和分析能力很大程度上决定了平台所具有的市场势力。互联网平台利用其市场支配地位获取的用户隐私数据一方面将为平台提供更多有效的数据来源，使得平台的市场势力得到不断的加强或维持，这将在市场中激发更加强烈的用户锁定效应，导致用户更难以转向其他互联网平台，从而排除或限制市场竞争；另一方面由于用户的隐私数据本来就是具有市场支配地位的平台通过利用其市场支配地位违背用户的意愿不正当地获取的，市场中其他经营者根本不可能获取这些具有重要价值的数据。

由此，这些通过滥用市场支配地位获取的数据将可能帮助具有市场支配地位的经营者建立起其他经营者无法获取的竞争优势，从而进一步提高市场的进入壁垒，排除、限制市场竞争。基于以上原因，有必要明确将互联网企业利用市场支配地位侵害用户隐私的行为纳入《反垄断法》所禁止的滥用市场支配行为当中，以更好地保护互联网平台市场的公平竞争秩序，维护消费者利益。

二、执法建议

互联网平台的种种特点不仅对规制滥用市场支配地位行为的立法带来了挑战，更给这种垄断行为的执法带来了诸多难题。总结来看，互联网平台滥用市场支配地位行为的执法规制主要面临两方面的难题。一是认定市场支配地位的难题，二是认定具体滥用市场支配地位行为的难题。我们将从这两个方面对互联网平台滥用市场支配地位的反垄断执法提出相关的建议。

（一）认定市场支配地位的方法及考量因素

在前文中我们已经指出互联网平台市场支配地位的认定所面临的挑战主要包括两个，一是互联网平台的市场份额难以计算，二是互联网平台市场份额与市场支配地位之间的相关性有所减弱。

1. 调整市场份额计算方法

对于互联网平台市场份额计算困难的问题，在反垄断执法过程中应对互联网平台市场份额的计算方法进行调整。

首先，应对相关市场的界定方法进行调整。在反垄断执法中，互联网平台市场份额的计算是建立在界定相关市场的基础之上的，但在互联网平台市场中相关市场的界定面临着较大的困难，这也直接导致了互联网平台市场支配地位难以认定。因此要解决市场支配地位认定的难题应先结合互联网平台的竞争特点调整相关市场的界定方法。关于相关市场界定方法的调整则可以参考前文在相关市场界定部分所提出的解决方法。

其次，应对互联网平台市场份额的计算依据进行调整。传统的反垄断执法过程中，执法机构计算市场份额的依据往往是经营者在相关市场中的销售额的占比。但在互联网平台市场中，由于互联网平台的零价格竞争等原因这一计算依据已经难以适用。因此，建议采用其他的计算依据来计算互联网平台的市场份额。我国国家市场监督管理总局公布的《禁止滥用市场支配地位行为暂行规定》第六条第一款规定："……确定经营者在相关市场的市场份额，可以考虑一定时期内经营者的特定商品销售金额、销售数量或者其他指标在相关市场所占的比重。"这表明我国反垄断执法机构已经意识到了以销售额或销售数量作为市场份额计算依据的局限性，并为日后的执法留出了空间，但该暂行规定并未指出除销售金额和销售数量外还可以以哪些数据作为市场份额的计算依据。对于这一问题，前文滥用市场支配地位行为的反垄断分析部分已总结了一些学者的观点，如以平台的用户数量、访问量等作为市场份额的计算依据。具体采取何种数据作为市场份额的认定依据仍需根据平台的具体类型来进行判断，应选择一种与平台市场势力的相关度最高的认定依据。

2. 加强非结构性因素考量

对于互联网平台市场份额与市场支配地位之间的相关性减弱的问题，在考量互联网平台市场支配地位时可以适当淡化市场份额的作用，加强对非结构性因素的考量。目前我国反垄断执法机构在反垄断执法中将市场份额作为市场支配地位的重要考量因素，是因为我国《反垄断法》采用市场结构因素为主，非结构性因素为辅的方法认定市场支配地位，而互联网平台的市场份额则是市场结构最直接的反映。但是在互联网行业，一个企业拥有较高的市场份额，并不必然就能推定该企业具有市场支配地位，因为《反垄断法》的关注焦点在于拥有较高市场份额的互联网企业是否具有阻止其他企业进入相关市场的能力，以及应对来自另一个市场主体有效挑战的能力。[1]因此，在认定互联网平台是否具有市场支配地位时应该更加注重市场中的潜在竞争和进入壁垒。相比平台在相关市场的市场份额，互联网平台市场中的动态竞争和网络效应、平台所具有的技术创新能力和数据控制能力以及消费者在市场中的转移成本更能反映出市场中的潜在竞争和进入壁垒，在认定互联网平台市场支配地位时应更加重视这些因素对平台市场势力的影响。

（二）对几种典型行为的执法建议

随着数字经济的不断发展，互联网平台市场中出现了很多新型的商业

---

[1] George N. Bauer, Note, "Monopoly: Why Internet-Based Monopolies Have an Inherent 'Get-Out-of-Jail-Free-Card'", 76 *Brook. L. Rev.* 2013, p. 731.

模式和竞争行为，这一方面丰富了互联网平台的服务和产品类型，另一方面也使得互联网平台的竞争行为变得更加复杂和多变，这也给互联网平台具体滥用市场支配地位行为的认定带来了诸多挑战。针对这些问题，前文对近年来互联网平台竞争中出现的一些新型的滥用市场支配地位行为进行了分类和总结，据此可以提出以下建议。

1. 互联网平台独家交易行为

在对互联网平台独家交易行为进行执法时，应根据互联网平台的行为类型，从成本的节约、效率的提升以及消费者福利等方面进行分析。近年来互联网平台的独家交易行为引起了学者们的广泛讨论，其中讨论最多的行为类型包括互联网平台独家版权交易行为和"二选一"行为。之所以互联网独家交易行为会引起学者和反垄断执法机构的重视，一方面是因为互联网平台的独家交易行为与传统的独家交易行为相比具有行为主体更复杂、平台主观意图难以推断、行为隐蔽性强等特点；另一方面是因为互联网平台独家交易行为的实质后果具有明显的双重性，即虽然独家交易行为可能产生排除或限制竞争的效果，但是该行为也具有明显的提升市场效率，防止"搭便车"行为的出现等正向效果。比如对于互联网平台独家版权交易而言，有学者指出该行为中的"独家代理"模式能够填补我国当前著作权集体管理组织发展滞后与市场对著作权集体管理需求之间的落差，有利于实现我国从"垄断型著作权集体管理模式"向"竞争型著作权集体管理模式"的过渡。[1]再比如互联网平台"二选一"行为，"二选一"行为作为一种排他性协议通过加强协议方的义务而强化有效的供应渠道，最小化"搭便车"行为，能够提升产品质量，保证消费者和供应商得到可靠的供应渠道。[2]正是由于互联网平台独家交易行为对促进市场竞争和保护

---

〔1〕 宁立志、王宇："叫停网络音乐市场版权独家交易的竞争法思考"，载《法学》2018年第8期。

〔2〕 杨东："'二选一'是否垄断不可一概而论"，载《经济参考报》2019年10月28日，第7版。

消费者福利等方面具有诸多的积极影响，目前学者们都普遍认为对于互联网平台独家交易行为违法性的认定不能一刀切，而应该针对不同行为可能产生的积极效果和消极效果进行综合考量来确定这类行为是否违法。在执法中对于互联网平台独家交易行为的认定应采取合理性原则进行规制，并对独家交易的行为进行合理地细分，以确定分析时的侧重点。如对于互联网平台"二选一"行为，可将其分为平台对消费者边实施的独家交易和平台对经营者边实施的独家交易。平台对消费者边实施的独家交易行为更可能迫使消费者违背其意愿，应着重考虑行为对消费者利益的影响；而在平台对经营者边实施独家交易行为时则应更加侧重于该行为对市场竞争秩序的影响，因为消费者在这种情况下的选择成本往往比较低，而行为带来的提升产品质量和交易效率的效果更为明显。

2. 互联网平台掠夺性定价行为

在对互联网平台掠夺性定价行为进行执法时，应根据平台的商业模式综合考虑互联网平台在各边市场的成本，以平均可变成本作为判断是否低于成本销售的标准，同时还应分析经营者的行为对消费者福利的影响以及是否对其他平台经营者产生了排除限制竞争效果。目前免费产品竞争和低价格竞争已成为互联网平台竞争中常见的竞争行为，对于这类行为的合理性不少学者已从双边市场网络效应和倾斜性定价等角度论证了其合理性，并普遍认为在认定双边市场中互联网平台商品或服务的价格是否低于成本时不能只关注平台一边价格，而应结合平台在双边市场的定价结构进行综合判定。虽然免费经营模式和低价格竞争的经营模式在互联网平台竞争中总具有其合理性，但在互联网平台市场中还存在很多负价格竞争，即平台经营者不仅对平台内的消费者或经营者提供免费的产品或服务，为了吸引更多的用户，有些平台甚至给予用户高额的补贴。如前文所提到的网约车平台的高额补贴策略，在这种情况下反垄断执法机构应该注意。根据现代掠夺性定价理论，掠夺性定价的实施机制包括两个基本的要素：一是牺牲短期利润；二是从长期看能够通过利用市场势力来增加利润，收回短期损失。[1]在前述合法的免费竞争和低价格竞争中，平台经营者的免费或低价格定价策略是长期的定价策略，因此不存在后期利用市场支配地位收回成本的情况，而高额补贴的竞争策略往往不是经营者长期的经营模式，因此这种行为极有可能是通过高额补贴的手段排挤竞争对手，在占据市场支配地位后提高定价独享市场。因此高额定价策略可能会构成滥用市场支配地位的行为，需要在反垄断执法中重点关注。此外，为了使掠夺性定价行为认定的成本标准更为方便，我国国家市场监督管理总局公布的《禁止滥用市场支配地位行为暂行规定》第十五条规定，认定低于成本的价格销售商品，应当重点考虑价格是否低于平均可变成本。根据该规定我国认定掠夺性定价时主要适用的标准是平均可变成本。从经济学理论上来说，认定掠夺性定价的成本标准本应采用边际成本，但是由于边际成本不易计算，而且企业的策略性销售行为也会干扰成本数据的准确性，[2]美国学者阿里达和特纳提出可以用平均可变成本标准来替代边际成本标准，这一建议也被各国反垄断执法机构普遍采纳。但在有些情况下平均可变成本可能会低于边际成本，这也使得使用平均可变成本标准替代边际成本标准的方法在这种情况下难以适用。因此反垄断执法机构在执法过程中应当根据个案具体分析，当在案件中互联网平台的平均可变成本可能低于边际成本时，反垄断执法机构应当综合考虑平台的定价行为可能对市场竞争秩序和消费者福利产生的效果来确定平台行为的违法性。

3. 互联网平台搭售行为

在对互联网平台搭售行为进行执法时，应适用合理性原则，着重考量互联网平台的行为是否会导致其在平台搭售商品一边市场的市场势力通过杠杆效应传导到被搭售的商品市场，产生排除或限制竞争，损害市场创新

---

〔1〕 唐要家："策略性掠夺性定价及反垄断规则"，载《财经问题研究》2005 年第 8 期。
〔2〕 胡甲庆：《反垄断法的经济逻辑》，厦门大学出版社 2007 年版，第 191 页。

的效果，同时还应该考虑互联网平台的行为是否影响产品或服务质量以及可能带来的创新效果。互联网平台搭售行为的认定主要有两个步骤：一是认定涉案的商品是否属于相互独立的商品；二是分析互联网平台搭售行为所产生的实质影响。首先，在认定涉案的商品是否属于相互独立的商品方面，采用消费者需求标准、产品功能标准和交易习惯标准。对于各个搭售标准的批评还集中在无法很好地处理如何对待创新，无法很好地评估包括产品整合在内的一系列问题上。[1] 这些问题在互联网平台市场中尤为明显，这是由于互联网平台提供的商品组合很有可能具有一定的创新性，其提供的两种商品在适用的过程中可能会带来两个产品整体的一些创新性的体验和效率，这是消费者需求标准以及交易习惯标准难以预测和评判的，如果适用产品功能标准，这些问题则可能得到解决。这是因为当适用产品功能标准进行商品的独立性认定时，产品的提供者也即互联网平台可以为其提供的两种产品可能存在的使用功能之间的联系进行解释，如果平台经营者不能对两种产品之间的联系作出合理的解释则应该认为其所搭售的是两种相互独立的产品。其次，在分析互联网平台搭售行为所产生的实质影响方面，由于互联网平台搭售的两种商品基本都是免费商品，因此互联网平台搭售行为常具有"搭而不售"的特点。在这种情况下，消费者具有较大的选择权，即使在安装互联网平台的相关应用时同时被安装了其他的消费者可以选择卸载的应用或者不适用被搭售的商品或服务，互联网的这种搭售行为一般也不会对消费者利益产生直接的损害。虽然互联网平台的行为不会直接损害消费者利益，但是该行为是对被搭售商品的一种十分有力的并且成本低廉的推销，平台很有可能通过利用这种搭售行为将其在另一边市场的支配地位通过杠杆效应传导到被搭售商品市场，快速地占领被搭售产品的市场，形成市场支配地位，从而排除或限制被搭售商品市场的创

---

[1] 李剑："合理原则下的单一产品问题——基于中国反垄断法搭售案件的思考"，载《法学家》2015 年第 1 期。

新和竞争。因此，本书认为在对互联网平台搭售行为的反垄断执法过程中，应该更加注重搭售行为对被搭售商品市场中竞争和创新的影响，并采取合理性原则对平台的搭售行为进行认定。一方面保持反垄断执法的谦抑性，避免过度干预而扼杀了搭售行为可能产生的一些积极作用，另一方面也坚决对破坏市场创新和竞争的搭售进行规制。

4. 互联网平台拒绝交易行为

在互联网平台拒绝交易行为的反垄断执法方面，目前讨论比较多的主要有两个问题：一是对提供免费产品或服务的互联网平台拒绝交易的行为如何进行规制；二是关于互联网平台数据开放的问题。对于第一个问题，根据前文对互联网平台免费商品或服务市场特点的分析，首先应该肯定的是商品或服务的免费并非互联网平台对其拒绝提供产品或服务行为的抗辩理由。在双边市场条件下，即使在免费商品或服务市场中互联网平台依然可能具有市场支配地位，并且有可能通过滥用其在免费边的市场支配地位来影响其他边的竞争。在互联网平台竞争中，拒绝交易行为对市场竞争和创新具有很明显的双重性，即一方面拒绝交易行为可以有效地防止市场中出现"搭便车"的现象，并且赋予平台与交易对象达成交易的自由，有效提升平台的效率；但另一方面，具有市场支配地位的平台拒绝交易的行为可能导致其交易对象所在市场的竞争受到限制。因此，在正常情况下应该赋予平台经营者选择其交易对象的自由，只有当平台经营者以排除或限制其他市场的公平竞争秩序为目的而拒绝与交易相对人进行交易时才可以对其行为进行规制。对于第二个问题，即互联网平台数据开放的问题，目前学界和国内外执法机构都讨论得较为激烈。互联网平台是否应该向其他经营者或交易相对人开放其所掌握的数据，涉及数据的必要设施理论的适用。我国国家市场监督管理总局在《禁止滥用市场支配地位行为暂行规定》第十六条第一款第五项中对该问题作出了规定，即禁止具有市场支配地位的经营者没有正当理由"拒绝交易相对人在生产经营活动中，以合理条件使用其必需设施"。同时该条第二款还规定"在依据前款第五项认定经营者滥用市场支配地位时，应当综合考虑以合理的投入另行投资建设或者另行开发建造该设施的可行性、交易相对人有效开展生产经营活动对该设施的依赖程度、该经营者提供该设施的可能性以及对自身生产经营活动造成的影响等因素"。总体来看，《禁止滥用市场支配地位行为暂行规定》从设施的可替代性，交易相对人对设施的依赖程度，以及设施所有人提供该设施将面临的后果这几个方面为经营者拒绝提供必要设施行为的反垄断分析设定了框架。根据以上规定，在我国如果某平台所掌握的数据要成为必要设施则也必须满足以上这几个方面的条件。近年来国外很多执法机构，如英国竞争市场监管局、德国联邦卡特尔局、日本公平交易委员会等，都发布了许多与数据相关的报告，并对数据的必要设施理论问题展开了讨论。这些报告普遍认为数据要成为一项必要设施必须建立在这些数据是企业要进入市场所必须拥有的且难以被替代的必需品的基础之上。此外，我国一些学者也对数据构成必要设施的条件展开了讨论。如孙晋认为数据要成为必要设施应符合以下构成要件：一是数据对竞争不可或缺；二是数据获取具有不可复制性；三是拒绝开放没有正当理由；四是数据开放具有可行性。[1]韩伟则认为应该在此四项构成要件之外加入两项构成要件，一是排除下游市场有效竞争，二是阻止新产品的产生。[2]目前对于数据是否可以作为必要设施的讨论仍在激烈进行中，但可以肯定的是互联网平台对数据的掌握和分析能力已成为其在竞争中的核心竞争力，在数据的必要设施理论的适用问题尚未有明确的结论之前，反垄断执法机构应当尽量保持执法的谦抑性，谨慎对待互联网平台拒绝开放数据的行为。确有足够的证据证明互联网平台拒绝提供数据对市场公平竞争秩序造成了严重影响时，虽可以考虑将该行为认定为拒绝交易，但应结合目前国内外的讨论

---

[1]　孙晋、钟原："大数据时代下数据构成必要设施的反垄断法分析"，载《电子知识产权》，2018年第5期。

[2]　韩伟：《迈向智能时代的反垄断法演化》，法律出版社2019年版，第122页。

观点以及案件的具体情况为该行为设定严格的认定标准。

5. 互联网平台价格歧视行为

在互联网平台价格歧视的反垄断执法方面，目前较为突出的问题是对利用算法实施价格歧视行为的认定，也即"大数据杀熟"问题。根据前文的介绍，所谓"大数据杀熟"是指互联网平台通过对用户交易习惯、个人信息等数据进行收集和分析后，根据用户的自身情况就商品或服务对不同用户提供不同价格的行为。从经济学的角度来看，互联网平台通过大数据分析可以对消费者的消费习惯和商品的剩余价值进行较为精准的判断，在此基础上，平台所实施的价格歧视行为将导致不同消费者对商品的剩余价值被最大化榨取，所有消费者都将被收取其所能接受的最高的商品价格，这种情况下消费者将面对不同的商品价格，其公平交易权受到侵害，而互联网平台经营者赚取到更多的利润并进一步加强了其市场支配地位。但从市场效率的角度来看，这种价格歧视的行为则会带来市场内资源配置效率的提升，从而促进市场交易效率。此外，由于互联网平台实施该行为时是通过算法在应用后台进行操作的，这类价格歧视行为往往具有较强的隐蔽性，同时互联网环境下商品价格的动态变化本来就是常态，该行为难以被察觉，这也给反垄断执法带来了诸多困难。基于算法价格歧视的以上特点，反垄断执法机构执法时应着重分析该行为对消费者福利、市场效率和社会总福利的影响，并根据该行为对这几个因素造成的实质效果进行认定。同时反垄断执法机构也应该尽快更新反垄断执法的技术手段，以更及时地对这类隐蔽性较高的垄断行为进行规制。

第六章

互联网平台经营者集中的反垄断规制

第一节　经营者集中的申报标准问题简述

狭义上的经营者集中申报标准指的是，属于我国《反垄断法》第二十条的集中行为达到何种规模才需要申报，我国《反垄断法》中没有直接规定经营者集中的申报标准，而是在行政法规与部门规章中进行了具体规定。2008 年《国务院关于经营者集中申报标准的规定》第三条规定了营业额标准，而在 2014 年《关于经营者集中简易案件适用标准的暂行规定》中，补充规定经营者集中简易案件可以采用市场份额标准。

一、国内立法与实践困境

随着互联网经济的发展，我国现有的经营者集中申报标准规定面临适用难题。由于互联网平台常见的免费商业模式，具有相当规模的企业的营业额较低甚至为负，现有的营业额标准无法将此类企业纳入集中审查程序；同时，互联网平台的多边市场特征，使得相关市场界定的难度较大，这类案件往往不能被归为简易案件适用市场份额标准。因此，在实践中，一些明显具有较强市场支配力的互联网平台进行集中并引发竞争担忧时，却不能被我国现有的经营者集中申报标准纳入集中审查程序。例如，滴滴出行与优步中国的合并便没有申报经营者集中审查，导致反垄断机关对合并后的滴滴的反垄断调查面临重重困难。因此，现有立法中的经营者集中申报标准亟待改进。

二、域外立法经验

目前大部分国家和地区都采用当事人规模标准，包括营业额标准如欧盟，总资产标准如日本。[1]

美国 1914 年通过的《克莱顿反托拉斯法》采用的是总资产或年净销售额标准，但被 1976 年的《哈特—斯科特—罗迪诺法》改为以交易额标准为主、当事人规模标准为辅，同时两种标准的具体数额每年都会根据国民生产总值的变化作出相应调整。[2]

2017 年《德国反对限制竞争法》第九修正案生效，把"交易额标准"纳入合并控制门槛中。德国联邦卡特尔局指出，过去单一的营业额标准无法覆盖数字经济时代下的所有合并与并购交易，脸书收购 WhatsApp 就是一起典型的具有高交易额，但是企业营业额很低乃至没有因而难以受到规制的互联网平台收购案例。[3]奥地利通过的 2017 年《奥地利卡特尔法案》和《奥地利联邦竞争管理局法案》修正案也相应调整了并购申报门槛。

第二节　相关市场的界定

一、国内立法

2009 年国务院反垄断委员会印发的《关于相关市场界定的指南》规定

---

〔1〕　方小敏："经营者集中申报标准研究"，载《法商研究》2008 年第 3 期。

〔2〕　15 U. S. C. § 18a, https://uscode. house. gov/view. xhtml? req＝granuleid％3AUSC-prelim-title15-section18a&edition＝prelim.

〔3〕　Bundeskartellamt, *Digital Economy*, https://www. bundeskartellamt. de/EN/Economicsectors/Digital＿ economy/digital＿ economy＿ artikel. html? nn＝3589784#doc10.

了我国反垄断执法机构对"相关市场"的界定。作用上，相关市场界定帮助执法机构识别竞争者和潜在竞争者，是对竞争行为分析的起点；含义上，相关市场分为相关商品（服务）市场、相关地域市场、相关时间市场、相关技术市场；依据上，采用替代性分析，以需求替代分析为主，供给替代分析予以补充；具体方法上，主要依赖消费者需求满足因素，在相关市场不清晰或不易确定时，按照 SSNIP 测试法界定相关市场。

二、实践困境

数字经济催生的互联网平台具有多边市场的特征，极大地提高了相关市场界定的复杂程度，难以直接适用替代性分析。我国目前就互联网平台经营者集中有三例附条件批准的决定，[1]如谷歌收购摩托罗拉案中直接列出移动智能终端和移动智能操作系统两个市场，没有界定摩托罗拉的专利技术许可市场；沃尔玛公司收购纽海控股 33.6% 股权案中认定相关市场是"中国的 B2C 网上零售市场"，却在之后分析了对增值电信业务市场的竞争影响。虽然在微软收购诺基亚案中对相关市场的论述体系性增强，但总体来看，我国执法部门在界定相关市场时的论证仍相对简单粗糙。

在相关市场不清晰或不易界定时，SSNIP 测试法也难以适用该类合并的相关市场的界定。参考 3Q 案中法院对相关市场的界定："在免费的互联网基础即时通讯服务已经长期存在并成为通行商业模式的情况下，用户具有极高的价格敏感度，改变免费策略转而收取哪怕是较小数额的费用都可能导致用户的大量流失。同时，将价格由免费转变为收费也意味着商品特性和经营模式的重大变化，即由免费商品转变为收费商品，由间接盈利模式转变为直接盈利模式。在这种情况下，如果采取基于相对价格上涨的假定垄断者测试法，很可能将不具有替代关系的商品纳入相关市场中，导致

---

〔1〕 谷歌收购摩托罗拉案，沃尔玛公司收购纽海控股 33.6% 股权案，微软收购诺基亚设备和服务业务案，参见商务部反垄断局网站：http://fldj.mofcom.gov.cn/article/ztxx/? 4，最后访问日期：2019 年 11 月 28 日。

相关市场界定过宽。因此，基于相对价格上涨的假定垄断者测试法并不完全适宜在本案中适用。"[1]可见，免费市场作为一种商业模式的出现，使基于价格竞争原理的假定垄断者测试失效。

此外，有报告指出，数据与算法带来的新的商业模式变化——个性化定价，即不同的消费者支付不同的对价，使假定垄断者测试法无法适用。[2]

三、相关市场界定在经营者集中审查中的作用

（一）经营者集中的相关市场界定与其他垄断行为存在差异

第一，经营者集中作为事前规制，相关市场界定不仅面向当前市场还面向未来市场。"不同类型反垄断案件中相关市场的界定存在区别，源自不同类型反垄断案件原理上的差异。经营者集中案件是对未来市场结构和竞争状态的评估，而滥用市场支配地位案件和垄断协议案件考察的则是已发生的竞争行为。"[3]第二，经营者集中的相关市场界定比其他垄断案件类型的相关市场界定的标准更为严苛与准确，经营者集中所规制的是未来发生的严重排除、限制竞争的可能，因此只有以界定相关市场为前提，才能识别竞争者与潜在竞争者，明确竞争范围。"相关市场界定的宽严标准往往会因所针对的行为的具体类型不同而有所不同。例如，从有关国家和地区执法机构的做法和法院的裁决来看，在分析企业合并（经营者集中的一种主要形式）行为中所划定的相关市场，通常要比分析企业实施滥用市场支配地位行为时所划定的市场要狭窄些。这是因为，企业合并行为中一般包含着比现实的垄断行为还要强的限制竞争的危险性。"[4]

---

〔1〕 最高人民法院（2013）民三终字第4号民事判决书。

〔2〕 The BRICS Competition Law and Policy Center, *Digital Era Competition: A BRICS View*, 2019.

〔3〕 李青、韩伟："反垄断执法中相关市场界定的若干基础性问题"，载《价格理论与实践》2013年7月期。

〔4〕 王先林："论反垄断法实施中的相关市场界定"，载《法律科学（西北政法学院学报）》2008年第1期。

（二）相关市场界定在经营者集中审查中具有基础性作用

美国反垄断执法机构制定的指南认为，执法部门的分析不需要从市场界定开始，界定相关市场并不是推断经营者市场支配力的唯一方法，在经济学中有很多直接的技术性工具也能够推断经营者的市场支配力；对市场支配力进行推断需要进行相关市场的界定且在市场支配力已经建立后，在竞争分析中运用相关市场的界定也是非常必要的。[1]界定相关市场提供了一个竞争分析的范围，将双方的竞争行为限制在一定时间、空间之内。[2]王晓晔则指出，综观世界各国反垄断司法辖区的执法实践，界定相关市场仍然是并购分析的起点和关键步骤。经济分析的方法，例如 UPP 测试法（upward pricing pressure）和并购模拟法（merger simulation），存在经济数据难以获得、不能全面分析竞争影响和不透明等损害法律稳定性的缺陷，不能否定相关市场界定在审查经营者集中时的基础性作用。[3]

四、互联网平台相关市场界定的特殊性

数字经济并未给界定相关市场的基本思路带来变化，仍旧从相关市场的含义出发分类讨论相关商品、地域市场，主要运用替代分析法，以需求替代分析为主，辅之以供给替代分析。但是互联网平台所具有的特点如双边市场/多边市场、网络效应、非中性定价/倾斜定价、大数据与动态竞争等，给实务中对相关市场的界定带来了新的变化。

（一）不相关市场和未来市场

数据的首要利用方式在于面向不同种类产品的数据分析，收集、积累以及利用数据技术的发展可以被视为一种研发活动，换言之，数据可以被视为研发活动中的关键投入资源。因此在考虑"利用了数据的产品市场"

---

〔1〕　Louis Kaplow, "Why (Ever) Define Markets", 124 *Harv. L. Rev.* 438 (2010).

〔2〕　马君慧："相关市场界定在竞争分析中的意义研究"，载《中国价格监管与反垄断》2018 年第 10 期。

〔3〕　王晓晔："市场界定在反垄断并购审查中的地位和作用"，载《中外法学》2018 年第 5 期。

后，还要考虑可能存在"开发各类数据相关产品的技术市场"。有的案件中，依据现有的数据收集、积累、利用技术会难以预见上述产品的存在。因此，受数据集中产生的竞争影响的市场可能是现有存在的，也可能属于尚处未来的潜在市场。

不论是在横向合并还是纵向、混合合并中，不仅要考虑数据集中带来的规模效应直接引发的相关产品市场的竞争担忧，还要考虑数据集中的范围效应，具有数据优势的企业可能将其市场力传导至相邻市场、不相关市场乃至未来市场。

Bayer AG 近年来在智慧农业领域十分活跃，2015 年购买了数字化农业平台 Zoner，2016 年收购了 ProPlant，2018 年宣布了在农业领域的综合数字化解决方案的商业项目 Xarvio；Monsanto 同样是数字化农业的龙头企业，于 2013 年收购 Climate Corporation、2016 年收购 Vital Fields。俄罗斯联邦反垄断局（FAS）在审查 Bayer AG（德国）与 Monsanto Company（美国）合并案时，并未遵循依据不同类型产品市场界定相关市场的静态方法，而是采用一个动态的视角将受竞争影响的市场界定为"综合农业技术市场"，因为单独的种子、农业化学品和数字化解决方案，随着持续的技术进步，对于该领域的动态竞争不再重要。俄罗斯联邦反垄断局（FAS）接着分析了种子、农业化学品和数字化解决方案市场，同时注意到"综合农业技术市场"才是正在显露的市场这一事实。[1]

（二）数据交易市场

对于伴随着数据积累的产品，可使用的数据有时收集于产品的生产或向消费者提供的环节，并被返用于该产品和其他产品的改进。用此途径收集来的数据有时可以与产品本身分开交易，而如果特定行为会严重影响市场竞争，数据交易市场也将会成为反垄断法评估的主体。即使在企业主体间有潜在风险行为（如合并）时并未发生数据交易，数据交易仍有在未来

---

〔1〕 The BRICS Competition Law and Policy Center, *Digital Era Competition：A BRICS View*, 2019.

发生的可能，例如，合并主体的一方或多方已有交易数据的专门计划，或者市场上已有其他企业主体交易了类似的数据。在这些案件中，有必要界定出一个数据交易市场以便执行反垄断法竞争影响的评估。

2014 年欧盟委员会在艾美士（IMS Health）收购赛捷（Cegedim Business）案中界定了数据市场。欧盟委员会首先查明合并主体的经营活动情况，分为数据提供类经营活动和软件、服务提供类活动。根据数据提供类经营活动，划分出了三个相关市场：专业医疗保健数据市场、销售追踪数据市场、PMR 数据市场和 RWE 数据市场。对前两种数据市场是否进一步细分，由于不存在竞争担忧，欧盟委员会持开放态度；对于后两种数据市场是否能独立地存在于相关技术服务市场，由于不存在竞争担忧，欧盟委员会持开放态度，在之后的竞争评估时也没有涉及数据市场。

2016 年欧盟委员会处理的谷歌收购领英案中，虽然数据资源的整合问题引起了高度的竞争关注，但在相关市场界定上并没有出现数据市场，而主要把"数据"因素放入竞争损害评估中考量。2018 年欧盟处理的苹果收购 Shazam 案中，欧盟委员会调查了合并主体数据资产的可替代程度，特别是从需求方来看它们的音乐数据图表，发现存在"许可音乐数据"这一新市场（即实际上已商业化的数据），但没有为数据本身定义单独的市场。

（三）多边市场

企业通过促成两个或多个不同用户群的直接交互获得主要营业收入的组织形式被称为双边市场。[1]由于消费者具有更强的价格敏感性与交叉网络外部性，免费服务往往发生在面向消费者一边的市场，且借助免费或补助政策，企业往往能积累大量的消费者，并通过网络效应带动另一边市场的规模和收益扩大。在免费市场端，竞争不再基于价格，而是基于产品或服务的质量、产量、交易中的消费者和销售渠道、提供产品的设备和其他

〔1〕 Andrei Hagiu, *Strategic Decisions for Multisided Platforms*, https://sloanreview.mit.edu/article/strategic-decisions-for-multisided-platforms/.

多样化的竞争手段。如果有阻止上述竞争的可能，那么将上述竞争发生的场所界定为相关市场是合适的，因此免费与否仅仅是商业模式的选择问题，免费市场也可以界定为相关市场。

2008 年欧盟委员会审查谷歌收购 DoubleClick 案时，仅将相关市场界定为在线广告市场、在线广告中介市场和在线展示广告投放技术市场，而没有将免费的搜索引擎服务市场划入相关市场，这一点为后来的案件所修正，面向消费者提供免费服务的市场也纳入了相关市场的界定之中。

（四）相关地域市场

网络突破了时间空间的限制传输信息，在一定程度上使相关地域市场的界定有别于传统行业的合并，主要体现在以下两个方面。

1. 不受地理限制市场的可能出现

数据的交易基本不受地理运输的限制，并且将现有领域使用的数据转化使用到其他领域是具有可能性的，因此，那些内容不具有特殊地理性质或特征的数据不仅在国家范围还在国际范围上被需求，相关地域市场的界定可以超越国界。

同样的，不受与地理相关的语言、行为限制的技术，例如图像识别和分析技术，其相关地域市场的界定也可能是一个较广的范围。

2. 不轻易消除地理界限

数据驱动型合并中，与数据有关的商品、服务在界定相关地域市场时，仍然要考虑经营活动中的语言环境、提供服务所使用的设备带来的地理限制等。例如，2019 年德国联邦卡特尔局对脸书所做的调查中，脸书提交了名为"相关市场＆缺乏市场支配力"的白皮书陈述其所提供的商品和服务的相关市场是"注意力"市场，因而在相关地域市场上的界定应当是全球市场。德国联邦卡特尔局驳回了这一理由，认为相关市场的界定仍应当从国别视角出发，脸书在德国的使用具有特殊的特征，例如语言。

一言蔽之，界定互联网平台经营者集中行为的相关市场不同于其他垄断行为，其动态预测性更为突出，执法机关审查评估工作需要多方考虑上述因素，进行更为准确的界定。

第三节　创新与竞争效果评估

一、数字经济背景下的国内立法

我国 2008 年生效的《反垄断法》第二十七条列举了经营者集中审查的实质标准，其中第三项为"经营者集中对市场进入、技术进步的影响"反映了反垄断法对自由竞争价值之外的效率价值的追求。从 1988 年国内提出"科学技术是第一生产力"到 2012 年党的十八大提出了以科技创新为核心的"创新驱动发展战略"，反映出互联网的发展、数字经济时代的到来使创新在经济发展中的作用愈发凸显，然而创新的内涵也不仅仅限于技术进步，根据熊彼特的创新理论，[1]创新包括：创造新产品、采用新的生产方式、开拓新的市场、开拓新的原料或者半成品来源以及采用一种新的组织形式进行管理和经营。OECD 也将创新定义为"一个新的或显著改进的产品（即实实在在的商品或服务）的完成、流程、新的营销方法，或在业务实践、工作场所组织外部关系中的一个新的组织方法"。可见，在技术进步之外，商业模式的创新、企业组织形式的创新也将极大地提高企业的竞争能力，促进社会经济的发展。

二、创新损害理论作为经营者集中竞争效果评估的重要基础

（一）理论必要性

近年来，大型科技企业，例如，微软、亚马逊、谷歌和苹果等公司对

---

〔1〕［美］约瑟夫·熊彼特：《经济发展理论》，郭武军、吕阳译，华夏出版社 2015 年版，第 56~57 页。

潜在的竞争对手和其他公司大肆并购与投资。这些案例中60%的目标企业都是运营四年或不到四年的年轻企业，一些最近的研究显示"亚马逊的目标企业中位年龄是6.5年，脸书是2.5年而谷歌是4年"。[1]对新兴企业的收购消灭了初入市场的主体未来成长为竞争对手的可能性，这种"先发制人式"并购或称为"杀手并购"，引起了行业对创新与竞争的双重担忧。

美国司法部和联邦贸易委员会2010年联合出台的《横向合并指南》直接将"创新与产品多样性"作为竞争损害的一个特殊内容；欧盟委员会的《非横向合并指南》也将"对创新的影响"纳入合并控制分析，且尤其注意具有重要创新能力却没有反映在市场份额上的那些企业，欧盟的《非横向合并指南》也同样关注纵向合并以及混合合并中的创新损害问题。

（二）实践可行性

近年司法实践中，创新成为审查经营者集中的一个重要标准。我国的反垄断执法实践中也早有创新因素的考量。反垄断局2012年审查西部数据收购日立存储案中，特别考虑了合并对产品创新的影响，指出"硬盘市场的竞争是维持产品创新的重要前提，排除或限制竞争行为将显著降低硬盘生产商的创新意愿和创新速度"。

欧盟委员会审理的陶氏杜邦合并案中，通过分析合并后主体的创新能力和动机得出合并将减少杀虫剂市场的创新竞争。欧盟委员会不仅根据作物保护工业中的可创新空间还从整个工业水平评估创新竞争状况。技术驱动的合并对创新的影响可以类比数据驱动的合并对创新的影响。

俄罗斯联邦反垄断局（FAS）在审理拜尔孟山都合并案时，不仅从相关商品市场还从整个行业角度分析得出：合并可能导致由一个封闭的数字平台主宰数字农业解决方案市场并逐渐排挤掉市场上其他竞争者的风险。该合并所导致的强大的市场支配力不仅使竞争对手降低研发活动的动机减

---

〔1〕 The BRICS Competition Law and Policy Center, *Digital Era Competition: A BRICS View*, 2019, p. 687.

少创新，同时也构成了市场进入壁垒，使初创企业无法进入相关市场参与竞争，最终导致创新损害。根据俄罗斯联邦反垄断局（FAS）的调查，合并主体双方对大量技术的控制以及在相关商品市场的显著市场份额将导致合并后的实体有能力影响农产品生产者的决定，对其他无法拥有相关技术的企业构成市场进入壁垒，从而在其所有相关市场范围中增强市场力。市场状况与技术变革和创新竞争密切相关，俄罗斯联邦反垄断局（FAS）认为市场力应当被视作合并主体潜在创新能力的预估。[1]

三、创新损害评估的方法

经营者集中对创新产生的影响具有两面性，应当结合具体的案例进行分析，欧盟《数字经济中竞争政策面临的挑战》指出评估合并对创新的影响时应当持有谨慎态度。OECD《数字经济》则提及了评估合并对创新的影响的方法：谢兰斯基提出了"创新压力下降测试"（downward innovation pressure，DP），通过这种方法去分析交易后创新的情况。这一分析与创新的吞噬效应（cannibalisation effects）对收购方的产品或服务的影响有关，该分析应尽量建立在可量化的经济数据上，如果数据无法获得则基于书面证据进行。夏皮罗（Shapiro）则提出反垄断执法机关应当从三个方面分析合并对创新的影响。

（1）可竞争性（contestablity），即分析交易后产品市场竞争的特点；

（2）专属性（appropriability），即分析成功的创新者获得创新带来的社会利益的可能性；

（3）协同性（synergies），即分析通过合并获得互补性资产提升创新的能力。

反垄断执法部门应该判断：首先，合并是否明显降低了可竞争性。其

---

〔1〕 The BRICS Competition Law and Policy Center, *Digital Era Competition*: *A BRICS View*, 2019, pp. 704-705.

次，合并是否能够通过增加可占有性或者协同性去提升创新。

在执法司法实践中，欧盟与美国均形成了各自的合并影响创新的评估方法。美国竞争机构在评价合并对创新的损害时，往往采用的是"创新市场"的视角，或者是2017年更新的美国司法部与贸易委员会出台的《知识产权许可的反托拉斯指南》的"研发市场"的视角。根据这个方法，只有当参与相关研发的能力与特定企业的特殊资产或特征有关时，美国机构才会划定出研发市场的边界，并寻求证明三个关键效果：合并后的企业减少整个研发市场投资的能力；合并后的实体减少创新努力的动机；合并对研发支出利用效率的影响。这是一个从证据角度相对严格的框架，但是在实践中美国当局采用了更宽泛的框架以评估那些对小型的但是正在开发有前景产品的竞争者的并购，发展出"真实潜在进入者理论"，使对创新损害的评估不仅仅局限于现有的创新巨头之间的合并案件中。

欧盟则在其《非横向合并指南》中指出，合并对创新损害的评估与市场份额不具有充分的关联性，那些涉及在较近未来将显著发展的创新企业的合并以及并不处于同一相关市场的企业的合并，都会引发对竞争损害的关注。横向合并方面，企业可能通过消灭正在开发的产品（可能进入现存市场或创造崭新价值链）来损害创新，并因此减少消费者选择对象的数量和种类；纵向以及混合合并方面，可能损害竞争对手的创新能力。在处理了多个相关案件之后，欧盟发展出了一个新的损害理论"显著阻碍工业创新理论"（SIII）。

第四节　数据与竞争效果评估

我国《反垄断法》第二十七条规定了对经营者集中审查的实质标准，包括：相关市场的市场份额及其对市场的控制力、相关市场的市场集中度、市场进入及技术进步、对消费者及其他经营者的影响、对国民经济发展的影响、国务院反垄断执法机构认为应当考虑的影响市场竞争的其他因素。第二十八条则规定了运用实质标准审查时，要采用正反竞争效果分析方法以及规定了经营者集中的豁免制度。

对于如何适用前述的实质标准评估竞争影响，《关于评估经营者集中竞争影响的暂行规定》规定了更为具体的竞争分析方法：在横向合并中着重考察合并后是否会产生单边效应、协同效应，在纵向合并中主要考察是否会产生传导效应，并指出相关市场的市场份额是分析市场力的重要因素但非决定因素。在评估市场集中度时，引入经济学工具，例如 HHI（赫芬达尔—赫希曼指数/相关市场集中度指数），CRn（行业前 n 家企业联合市场份额/行业集中度指数）。

如前所述，数字经济时代下，创新成为企业发展的核心动力，竞争政策也应当及时反映经济政策的价值取向发展，在评估数据产生的竞争效果时，不应当仅局限于狭义的"竞争"，"创新""效率""消费者福利"等也是竞争效果评估中的重要维度。本书接下来将结合现有的法律维度以及新加入的"创新"维度，运用竞争损害理论，分析数据对竞争效果的影响。

一、市场支配力维度

市场支配力对应着我国《反垄断法》第二十七条第一项、第二项，即"参与集中的经营者在相关市场的市场份额及其对市场的控制力"及"相关市场的市场集中度"。存在横向重叠的企业间的合并，即处于同一相关市场的企业间的合并，最常出现的竞争损害就是消除市场现有的直接竞争，导致市场支配力的出现或强化，产生对市场中自由竞争不利的单边效应和协同效应。在这一方面，基于数据的并购带来的竞争担忧与传统合并的竞争担忧相同。

美国竞争执法部门联邦贸易委员会（FTC）于 2014 年审理的 Corelogic

收购 Data Quick 案，[1]涉及了数据作为相关商品市场的企业间的合并。CoreLogic 在美国获得了国家评估员和记录员数据的许可，并寻求收购一些相关资产和利益，其中包括 Data Quick，FTC 将相关市场界定为国家评估员和记录员的大宗数据市场，这种数据基本涵盖了美国全国的房地产信息，并且由当前的和历史的批量格式的数据构成。数据的供应者以统一标准的格式提供数据，包括所有权、状态和价值等各种特征信息。对此类数据感兴趣的买家虽然可以从地方政府获取评估员和记录员数据，但是由于缺乏地理范围因素，地区性的数据不能形成国家评估员和记录员数据的替代。FTC 发现，本案中的并购将在一个已经集中的市场中增加合并企业的市场支配力：在合并交易之前，只有三个竞争者在同一市场竞争，Data Quick 采取了激烈的竞争措施，较另外两位竞争者提供了更低廉的价格和更宽松的合同条款限制；同时根据 FTC 的市场进入条款，本案中的市场进入也无法抵消集中带来的反竞争效果，市场新进入者无法及时地、充分地出现，因而 FTC 认为本案的并购将消除 CoreLogic 与 Data Quick 之间的直接竞争，从而实质性地减少竞争并导致垄断，不仅可以预见合并后的实体将单方面地运用其市场支配力，还增加了合并后的实体与市场下剩余的一个竞争者——Black Knight 的协同作用的可能，所以此项并购为法律所禁止。

上述案件中，全国性数据的获得存在许可门槛导致了相关市场较高的集中度，横向并购将引发明显的竞争担忧。对此进行延伸，当合并将造成收集原始数据的能力在进入或存在相关市场的企业间存在巨大差异时，也会出现对市场支配力的建立、维持或加强的结果。首先，如果数据对于提供产品至关重要，但由于传感器安装或其他条件的限制，特定企业以外的企业在技术上或经济上难以通过访问收集数据的渠道来获取原始数据，同时也没有替代数据用于提供产品，例如，机器学习领域，将极可能导致特定企业获得市场支配力；其次，原始数据的积累带来的网络效应可以加快

---

[1] In the Matter of CoreLogic, Inc., Complaint, FTC Docket No. C-4458.

产品功能改进的周期循环，并且产品制造的边际成本不会增加（例如数字内容和软件），而这些产品的性质也很难通过关注特定客户群体或者涉及较低的交易成本，例如网络购买，来区分，更容易拓展业务以形成规模经济，导致市场支配力的建立。[1]

市场支配力量建立本身并不是问题，[2]要充分考虑市场支配地位形成后可能产生的单边效应和协同效应等反竞争效果，结合其他维度的竞争效果进行综合评估。

二、市场进入维度

市场进入维度对应着我国《反垄断法》第二十七条第三项的"经营者集中对市场进入、技术进步的影响"部分。在数字经济时代，互联网平台处于动态竞争之中，适用于传统静态竞争模型的市场份额已不足以评估竞争影响，市场进入维度应当提升到更重要的地位。而作为互联网平台重要资源的"数据"，其对市场进入的影响也存在正反两方面的效果，如 GSMA《数字生态系统竞争政策框架重整》所指出的，数据对竞争的影响应当结合数据的类型、数量、范围和可获得性进行个案分析。

1. 企业通过合并所获取的差异化数据，如果难以被竞争对手复制、获取，将赢取竞争优势，阻碍市场进入，导致限制竞争

数据并非总是显见、成本低廉且易获得的。例如，在 TomTom 收购 Tele Atlas 案中，欧盟委员会发现导航地图数据的收集需要巨额的前期投资，一些关键数据正是公司成长和发展、提供优质服务并能够不断完善的重要资源与核心竞争力。在谷歌收购位智公司并购案中，位智公司是一家利用用户来完善其交通地图数据的地图应用公司，但由于在英国市场不具有足够

---

〔1〕 "数据与竞争政策研究小组报告（2017）"，载 https://www.jftc.go.jp/en/pressreleases/yearly-2017/June/170606.html，最后访问日期：2020 年 2 月 15 日。

〔2〕 能够凭自己意志或自由地影响价格、质量等，因此能够控制市场或至少存在一定程度的控制可能性。

的用户数量无法获得充足数据而竞争力受限。

互联网平台因其网络效应具有"赢者通吃"的特点，具有支配地位的平台企业具有最多的渠道与财力获取关键数据，并且具有排除小企业取得与使用关键数据的倾向。平台收集的数据总是不断更新迭代的，而现代的大数据技术保证了平台企业能够高速地处理海量数据，因此这些大量涌入平台的新鲜数据还为平台提供了一种"即时预测"的功能。例如，"推特的数据能够帮助企业识别正在兴起的趋势，通过控制移动电话应用商店，用户下载竞争对手的应用时，谷歌和苹果马上就能知道"，[1]通过对数据的实时监测，拥有大量数据的互联网平台巨头能够快速识别新兴的潜在威胁者，采取各种措施，例如先发制人式并购，阻碍竞争对手的发展。

欧盟的《大数据时代背景下隐私与竞争力》认为，理论上个人信息应被认为是一个特定数字市场的重要设施，具有市场支配地位的企业对这些信息拥有独占控制权而竞争对手缺少重建服务所依赖的框架或体系的技术手段，这将有效地阻止竞争对手进入相关市场。在欧盟 Telefonica UK、Vodafone UK 和 Everything Everywhere 的合并案中，欧盟委员会就特别考察了本案并购是否存在"通过整合个人信息、定位数据、反应数据、社会行为数据和浏览数据，以及建立独一无二的数据库来作为定向移动广告的重要投放人，且其他竞争对手无法复制这样的数据库，使合并后的企业将可以排除数据分析和广告服务提供商的竞争"的情形。[2]

在印度竞争委员会（CCI）审理的拜耳与孟山都合并案中，CCI 认识到双方主体都有能力获取农业气象数据，并且这一能力将在合并后强化，而这些数据是市场参与者与合并后主体形成有效竞争的重要资源，因此将增加参与市场竞争的进入壁垒。CCI 认为，垂直整合和数据获取使合并后的实体能够为农民提供种子相关的打包解决方案并通过其数字应用程序提

---

〔1〕 ［美］莫里斯·E. 斯图克，艾伦·P. 格鲁内斯：《大数据与竞争政策》，兰磊译，法律出版社 2019 年版，第 327 页。

〔2〕 Case No COMP/M. 6314 – Telefónica UK/ Vodafone UK/ Everything Everywhere/ JV.

供农业化学供应链，而这些是其他竞争者没有能力做到的，因此增加了其市场支配力，认定合并后的主体有能力和动机去封锁其他的竞争者。

2. 企业通过合并获取的数据不具有独占性，此类数据的集中不会阻碍其他竞争者的市场进入

欧盟在审理脸书收购 WhatsApp 案中指出，首先，用户通讯领域是一个具有频繁市场进入和快速革新的新兴发展的领域，高市场份额只是一种短期的表现，整体上该领域处于动态竞争的状态之中，因此市场份额不必然推导出市场支配力的存在以及对市场存在持续的竞争损害；其次，通过分析脸书和 WhatsApp 的数据收集行为和用户覆盖情况，欧盟委员会得出，虽然脸书可以从 WhatsApp 用户处收集数据并获取定向广告的投放优势，但市场上仍有足够的供应者能够提供用于广告目的的有价值的用户数据，脸书的竞争者在其排他性控制的数据之外仍可以获得充足的有价值数据，因此本案的数据集中不构成市场进入障碍。同理，欧盟委员会在审理微软与领英合并案中，也指出市场上有大量的有关社交网络服务的替代数据来源可以获得（包括垂直社交网络），例如 Xing、Viadeo、GoldenLine、Academia 等，因此合并导致的数据集中不会对市场上的竞争者与潜在竞争者产生进入壁垒效果。

综上所述，我们可以看出，数据对市场进入的评估主要来自个案中对集中的数据性质的分析。一方面，数据具有稀缺性即复制可能性，数据是否可获得，是否存在替代来源决定了集中的数据是否会成为市场进入的一种关键资源乃至必要设施，从而引发竞争担忧；另一方面，数据收集的规模和范围达到一定程度会带来边际价值的递减，同时运用算法分析数据得出信息这一过程要求数据来源是持续更新的，因此数据的时效性也使特定时期累积的数据规模无法形成长期的优势；最后，我们既要考虑数据集中可能在纵向合并中产生的对相关市场竞争者的封锁损害，也要注意在混合合并中大数据分析能力的增强以及多样化的数据集中可能产生的不相关市

场和未来市场中的进入壁垒。

三、创新维度

创新维度拓展了我国《反垄断法》第二十七条第三项的"经营者集中对市场进入、技术进步的影响"。根据数字经济时代的创新理论,技术创新是重要但非唯一的创新形式,商业模式创新、企业组织创新也是经济发展的重要助推力,创新作为一种显著的效率表现,可以作为独立维度用于竞争效果评估。

P. Régibeau 与 C. Rockett 在《合并与创新》报告中指出了数据相关合并对创新效率的五个方面的提升。[1]

(一) 促进内部知识的传播

当合并前的相关技术或数据不被轻易许可时,合并可以使主体间更好地分享知识。以算法为例,算法在知识产权法上无法获得很强的权利保护,因此,算法相关的许可吸引力较低,通过合并可以使主体共享优质的算法,保障创新。

(二) 溢出效应

合并将促进部分溢出成果的内部化,增强创新的动机。算法与数据密切相关,然而关键研发人员的流动性可能在一些案例中创造显著的溢出成果。

(三) 协调研发相关的投资

通过合并可以避免在同一领域的重复研发投入,例如在人工智能领域,通过内部共享能够大量节约在人工智能面部识别训练中的资源使用。

(四) 依序的、互补的革新

数据相关的合并有助于带来标准制定方面,尤其是数据通信标准方面的强有力的革新。

---

〔1〕 P. Régibeau & C. Rockett, "Mergers and Innovation", *Antitrust Bulletin* 31, (2019) 64 (1).

（五）法律的确定性

知识产权在数据领域的保护范围较为模糊，除了标准必要专利领域，数据相关的知识产权诉讼的威胁相比于传统的制药、化学部门，大为减少，更有利于激发创新。

同时，数据相关的合并也会对创新带来负面效果。第一，前述的研发投资的协调效益仅仅发生在定向研究中，即合并主体的研究方向均是解决一个明确定义的问题，这种情况下往往只会存在唯一最优解，在此情况之外，数据相关的合并可能导致合并前主体正在从事的创新研发在合并后被舍弃，实质上减少了未来市场上可能出现的创新产品。第二，数据相关的合并可能是合并后的主体掌握其他竞争者难以复制的用于创新的投入，例如特定的数据集中将引发此类担忧，合并后的主体可以通过拒绝交易或者提高数据提供价格来打击竞争对手的创新活动。

四、效率维度

效率维度对应我国《反垄断法》第二十七条第五项的"经营者集中对国民经济发展的影响"。在审查传统合并时，反垄断执法机构对效率的考察主要集中于各种成本效率，作为对边际成本的替代。然而数字经济领域的一个普遍的特征即为电信、数字化销售或数字搜索等行业的边际成本十分小，以至于传统的合并相关的效率在数据相关合并中体现得非常少，因此数字经济领域合并中的效率来自其他方面。

首先，数据相关的合并将使合并主体之间共享用户的特定信息。此时合并带来的效率的提升将来源于主体间持有的不同种类的用户数据或者至少是不同方面的用户行为数据，即参与合并的主体拥有"互补性"的数据。例如，在训练人工智能算法时，获取更多专有的数据将促进算法产品质量的改进，但是增加的数据只有当其与原先已有的数据具有一定程度的质的差别时，对于算法的训练才是有用的，此时合并主体所拥有的数据的互补性才是最重要的，而非规模。

其次，算法的互操作性或数据之间的兼容性也将带来效率的提升。例如，若谷歌收购了垂直专门搜索服务的企业如某价格比较网站，则无法否认会存在两种搜索算法之间更流畅沟通的可能性。但评估这种效率的存在和程度远远超出了竞争主管部门的能力，需要引入专业技术机构参与评估，同时还需证明这些效率是否是特定于合并的。合并主体可以协调有价值的数据的格式，节省交易成本，实现规模效应，而在合并前，企业是没有能力或动机去统一数据格式的。[1]

五、隐私维度

我国《反垄断法》第二十七条第四项的"经营者集中对消费者和其他有关经营者的影响"还可以对应隐私维度的考虑。传统合并审查中，主要考虑的是合并对消费者获得商品的数量、质量和可选择性带来的影响。而在数字经济时代，消费者在互联网平台参与市场交易留下大量的行为数据，这些数据成为平台改进服务质量的重要投入资源，数据质量给消费者福利带来了新的挑战。

隐私问题本身并不属于竞争执法机关考虑的范围。在 2006 年 Assef Equifax 一案中，欧盟法院指出，任何与个人数据的敏感性相关的问题不属于竞争法的范畴，可以由相关管理数据保护的规则来解决。欧盟委员会在脸书和 WhatsApp 并购案件中也采取了这个观点，指出任何来自脸书交易所产生的数据相关的隐私问题不属于欧盟竞争法的范畴，但是属于欧盟数据保护法的规范范围。该案关注的是脸书数据收集能力的增强可能损害其他广告商，但并不考虑这一合并是否会使得其更大程度地收集个人数据，在决定中欧盟委员会仅仅分析了潜在的数据集中可能会提高脸书在线上广

---

[1] The BRICS Competition Law and Policy Center, *Digital Era Competition: A BRICS View*, 2019, p. 746.

告市场或者其他细分市场的市场地位。

然而，通过某一特定法律解决个人数据的敏感问题并不意味着竞争法与个人数据无关。

（1）一般来讲，竞争法适用过程中，可能需要考虑其他法律的规定。比如，在 2013 年 Allianz hungaria 一案中，欧盟法院认为在评估是否限制竞争时可能会考虑对其他法律规制所追求目标的损害。在合并案件中，如果某一企业拥有很强的市场力量，那么数据隐私问题就可能会与竞争问题相关。企业通过合并获得更多的用户数据进而获得更强的市场力量，就会有动机降低隐私保护标准。如果横向的竞争者之间将隐私作为产品质量的一个方面展开竞争，那么它们的合并将有可能降低产品质量。有专家认为，隐私保护的降低事实上等同于产品质量的下降。

隐私保护法与竞争法在追求目的上存在交叉，即消费者利益的保护。传统企业的合并一般不会引起消费者的隐私保护担忧，例如，两家食品厂的合并主要是资金、设备和人员的集中，但是互联网平台企业相较于传统企业与消费者交互更为直接紧密，平台企业往往积累了大量的用户数据资源，此类企业的合并涉及大数据的集中，将同时引发隐私保护担忧与反垄断担忧。互联网平台"零价格"的商业模式在实质上是以用户信息为对价交换服务，因此，在数据驱动型合并中更需要考虑是否会出现对消费者隐私保护程度方面的非价格竞争影响。

在脸书收购 WhatsApp 案中，欧盟委员会认为此案中的数据集中所造成的担忧完全属于隐私问题而非竞争问题，并假定消费者可以随时发现质量下降并转向竞争对手，因此并没有在合并审查中过多考虑消费者隐私数据带来的竞争影响。然而在脸书成功收购 WhatsApp 后，WhatsApp 的隐私声誉显著下滑，2015 年消费者利益团体前线基金会批评其"对自己的隐私做法几乎尚未做任何安排"，同年 WhatsApp 还发生了两起涉及用户隐私的安全事故。然而，收购了 WhatsApp 的脸书在短信领域的支配势力不减反增，

WhatsApp 的用户数量持续增长，超越 Facebook Messenger 成为短信通讯领域的头号应用。2016 年欧盟委员会调查发现脸书在合并审查时故意提供错误的隐私保护政策的相关信息，因此对脸书施加了严厉的罚款。

此外，互联网平台通过合并达成数据集中后可能存在排斥竞争对手使用数据的风险，同时利用数据集中带来的网络效应优势地位，使消费者难以在市场中获得更高隐私保护的替代产品。

（2）消费者在使用互联网平台提供的免费产品和服务时，对隐私保护抱有合理期望并且也应当享有相应的消费者权利。在现实中，用户在使用一个应用之前往往都会不假思索地勾选平台提供的用户隐私协议，或者用户会在社交平台上公开分享许多个人生活信息，但这并不代表用户完全放弃了自身的隐私权利主张。"总体而言，只有满足如下两个条件时，才能以消费者的选择推断其隐私偏好：①消费者完全知情其选择具有的效益和成本（包括隐私风险），②市场提供了符合实际隐私偏好的竞争性数量的选项"，[1]根据这一判断标准可以看出，现有市场上的消费者对使用互联网平台所包含的隐私并没有充分的认知，甚至由于隐私保护的不透明而导致市场"失常均衡"，"小企业无法自行决定采用隐私保护程度更高的政策和进行更加清晰的披露，以打破这种均衡"。[2]而互联网平台企业的网络效应以及大数据及时预测排除异己的功能使得市场上并不具备充足的竞争选项，因而平台企业很可能具有滥用用户数据侵犯用户隐私的风险，从而损害消费者的利益。

综上可以看出，在对互联网平台进行并购审查时不纳入数据隐私保护维度，既损害消费者利益也将影响互联网平台在非价格维度（隐私保护）层面的良性竞争。

---

〔1〕 ［美］莫里斯·E. 斯图克、艾伦·P. 格鲁内斯：《大数据与竞争政策》，兰磊译，法律出版社 2019 年版，第 11 页。

〔2〕 ［美］莫里斯·E. 斯图克、艾伦·P. 格鲁内斯：《大数据与竞争政策》，兰磊译，法律出版社 2019 年版，第 7 页。

第五节　经营者集中的救济与监督

经营者集中的救济，是指相关当事人对集中计划进行修改，减少或彻底消除执法机构对并购交易可能引起排除或限制竞争的担忧。经营者集中作为常见的一种市场行为，往往是企业主体实现规模经济、扩展企业竞争力、提高生产效率的手段之一，政府作为市场监管者应当审慎行使权力，既调整市场的失灵也要保障市场的活力。数字经济时代互联网平台涌现，平台间的集中相比于传统企业的集中增加了许多新的特点，例如多边市场、网络效应、数据等，这对反垄断执法部门审查经营者集中以及救济制度的运用带来了新的挑战。

一、我国法律规定

我国《反垄断法》第二十九条、第三十条规定了经营者集中的救济制度，即对不予禁止的经营者集中，反垄断执法机构可以决定附加减少集中对竞争产生不利影响的限制性条件，并将决定及时向社会公布。

对于何为"限制性条件"，2010年1月1日起施行的《经营者集中审查办法》（现已失效）第十一条解释了限制性条件的分类，包括结构性条件、行为性条件以及综合性条件；[1]第十二条、第十三条则指出了限制性条件的标准，既要能够消除或减少经营者集中具有或可能具有的排除、限制竞争效果，也要具有现实的可操作性；第十五条则规定了对限制性条件履行的监督制度。

---

〔1〕《经营者集中审查办法》第十一条第二款："根据经营者集中交易具体情况，限制性条件可以包括如下种类：（一）剥离参与集中的经营者的部分资产或业务等结构性条件；（二）参与集中的经营者开放其网络或平台等基础设施、许可关键技术（包括专利、专有技术或其他知识产权）、终止排他性协议等行为性条件；（三）结构性条件和行为性条件相结合的综合性条件。"

二、我国执法实践

我国经营者集中的反垄断执法经历了从商务部反垄断局到国家市场监督管理总局反垄断局的转换，一共作出了 41 项附加限制性条件的批准经营者集中的决定，但是由于我国互联网经济发展起步相对较晚以及现有的经营者集中申报标准存在缺陷，执法实践中涉及互联网平台的经营者集中审查案件较少，仅有 3 件，它们采纳的救济措施也存在差异。

2012 年谷歌收购摩托罗拉案中，商务部认定移动智能终端和移动智能操作系统构成本案的相关市场，在分析了相关市场状况、安卓系统的免费开源问题、谷歌公平对待终端制造商的问题、摩托罗拉移动专利许可问题以及市场进入问题后，认为本案合并具有排除、限制竞争的影响，并作出了行为性的附加限制性条件，包括：免费和开放的基础上许可安卓平台，与目前商业做法一致；非歧视性地对待原始设备制造商；摩托罗拉移动专利方面的 FRAND 义务。[1]

2012 年沃尔玛收购纽海控股案中，沃尔玛将通过纽海控股取得对益实多 1 号店网上直销业务的控制权。商务部将本案相关市场界定为中国的 B2C 网上零售市场，并对中国增值电信业务市场进行了延伸调查，认为沃尔玛有能力将其在实体市场的竞争优势传导至网上零售业务，并可能依托现有实体零售市场与网上零售业务的综合竞争优势传导至增值电信业务市场并取得优势地位，从而排除、限制市场竞争。因此商务部作出如下限制性条件决定：纽海上海此次收购，仅限于利用自身网络平台直接从事商品销售部分；未获得增值电信业务许可的情况下，纽海上海在此次收购后不得利用自身网络平台为其他交易方提供网络服务；本次交易完成后，沃尔玛公司不得通过 VIE 架构从事目前由上海益实多电子商务有限公司（益实

---

〔1〕 "关于附加限制性条件批准谷歌收购摩托罗拉移动经营者集中反垄断审查决定的公告"，载 http://fldj. mofcom. gov. cn/article/ztxx/201205/20120508134324. shtml，最后访问日期：2020 年 2 月 18 日。

多）运营的增值电信业务。[1]

2014 年微软收购诺基亚案中，商务部重点考察了中国的智能手机市场、移动智能终端操作系统市场以及与移动智能终端相关的专利许可市场，分析得出本合并可能对中国智能手机市场具有排除、限制竞争的效果，并作出了如下行为性救济：微软与诺基亚标准必要专利的 FRAND 义务；微软的非标准必要专利的许可应当继续提供且条件合理（与合并前条件实质保持一致），在五年内限制微软转让非标准必要专利给新的所有人。[2]

一般而言，结构性限制条件作为可以影响市场结构的一种救济方式，可以一次性地直接改善市场竞争状况，同时也无需反垄断执法机构事后的持续监督，因此往往受到执法机构的青睐，在传统的经营者集中的救济中大量使用。然而，在我国互联网平台相关的经营者集中的执法实践中，主要采取的是行为性救济措施，这反映出数字经济下的经营者集中救济之不同。

三、欧盟的执法经验

欧盟已经处理了大量互联网平台相关的并购案件，这里择取三个较为典型的案例予以展示，并介绍在互联网平台进行横向合并、纵向合并时，欧盟委员会所采取的救济措施。

2008 年汤森（Thomson）与路透（Reuters）合并案中，欧盟委员会将相关市场界定为金融信息市场，认为本案合并将实质性地损害金融信息领域的有效竞争，因此依照主体承诺决定采用结构性救济措施，即出售一份

---

[1] "关于附加限制性条件批准沃尔玛公司收购纽海控股 33.6% 股权经营者集中反垄断审查决定的公告"，载 http://fldj. mofcom. gov. cn/article/ztxx/201303/20130300058730. shtml，最后访问日期：2020 年 2 月 18 日。

[2] "关于附加限制性条件批准微软收购诺基亚设备和服务业务案经营者集中反垄断审查决定的公告"，载 http://fldj. mofcom. gov. cn/article/ztxx/201404/20140400542415. shtml，最后访问日期：2020 年 2 月 18 日。

数据库，提供配套的人员、软件、文件、培训和技术服务并及时更新相关信息与配套技术，尽最大努力对买受人使用数据库提供帮助。[1]

2014年艾美仕与赛捷合并案中，欧盟委员会将相关市场界定为医疗保健相关的数据、软件和服务等多个市场，认定参与集中的主体双方拥有大量重要的数据，重要数据的集中可能对市场上的其他竞争者产生排除或限制竞争的效果，因此要求采用结构性救济措施，即剥离其主要市场调查业务的一部分，同时结合采用行为性救济措施，授予第三方访问其销售跟踪数据基础结构的权限。[2]

2016年微软与领英合并案中，欧盟委员会着重考察了职业社交网络服务市场、客户关系管理软件解决方案市场以及在线广告服务市场，最终分析认定竞争问题只存在于职业社交网络服务市场。欧盟委员会尤其关注合并主体之间的数据集中对排除、限制竞争效果的影响，并据此采纳了一系列行为性救济措施。其中，整合承诺措施如开放编程接口及相关数据开放、卸载领英功能承诺；预装承诺措施如所有分销商均有权决定预装何种程序、用户可以卸载Windows操作系统中的所有应用程序和动态磁贴而Windows不会引诱或自动嵌入、领英应用升级微软不得歧视性地干涉。[3]

从上述案例可见，结构性救济更多的是发生在横向合并之中，而行为性救济以其灵活性特征广泛地适用于横向合并、纵向合并和混合合并案件中。

四、理论基础

（一）结构性救济

结构性救济主要指剥离参与集中的经营者的部分业务、部分资产或者

---

〔1〕 Case No COMP/M. 4726 Thomson Corporation/ Reuters Group.

〔2〕 Case No COMP/M. 7337 – IMS HEALTH/ CEGEDIM BUSINESS.

〔3〕 Case M. 8124 Microsoft / LinkedIn.

要求转让股权等，[1]在横向并购中市场支配地位更容易产生或加强，对市场结构产生不利影响，此时通常采用的救济方式是结构性救济。

然而数字经济时代的到来，使市场的竞争状况从过去长期稳定的静态竞争转变为在激烈创新中的动态竞争，市场结构已经不能充分代表特定的竞争效果，这在反垄断理论从哈佛学派代表的结构主义到后芝加哥学派代表的行为主义的演变中也可窥见，结构性救济在当下经济环境中的运用需要更加审慎。澳大利亚竞争和消费者委员会（ACCC）在一份调查报告中指出，[2]剥离这一结构性救济措施，一方面在公司拥有巨大的市场力量且不太可能被市场力量侵蚀的情况下，可能会推动价格、质量或服务方面的竞争，可能解决因公司滥用其巨大市场力量而引起的竞争问题，促进动态竞争；但另一方面，报告也指出，剥离存在重大风险，具体有如下几个方面。

（1）作为一般原则，澳大利亚竞争和消费者委员会（ACCC）认为，市场结构最好留给市场竞争来调整，以便为消费者带来有效成果。特别是，剥离可能会减少投资和努力提高生产力的积极性，还可能导致规模经济或范围经济的损失。因此，福利可能减少，所提供服务的价格可能增加而质量可能降低，损害消费者利益。此外，澳大利亚竞争和消费者委员会（ACCC）认为监管解决方案也不像市场竞争那样具有活力。

（2）拟议的剥离可能无法解决特定的竞争和消费者福利问题。报告中讨论的社交媒体平台和搜索引擎具有显著的网络效应，这些影响是潜在进入者或小规模竞争者进入和扩张的障碍。除此之外，品牌效应和规模经济也是影响进入和扩张的实质障碍，而剥离不太可能显著减少这些障碍，因此，对于解决谷歌或脸书在（分别）搜索服务或社交媒体服务中的市场力量而言，剥离可能不是有效的长期解决方案。

---

〔1〕　王晓晔：《反垄断法》，法律出版社 2011 年版，第 248 页。
〔2〕　ACCC, *Digital Platforms Inquiry*, 2019.

（3）实施结构性解决方案必然涉及设计和实施剥离的风险。这种风险在数字市场尤为严重。成功的剥离救济措施需要时间和规划，在非数字市场中，实物资产和业务在任何过渡期内都可以被隔离，但在数字市场中，鉴于企业或部分业务之间的数据流，隔离可能更加困难。

（二）行为性救济

行为性救济是指集中后的经营者不得采取滥用其市场优势的行为，主要适用于非横向并购，避免当事人之间纵向一体化的联合会严重封锁上下游市场的情况。但如果在横向合并中，结构救济难以实施、风险太大或者影响并购应当带来的经济效率，行为性救济也是可以适用的。特别是在某些与网络、基础设施或者知识产权有密切关系的行业，改善市场竞争最有效的方式是使在位垄断企业或者占市场支配地位的企业向其竞争对手开放其网络或其他基础设施，或者许可竞争者使用其核心技术。这样的救济措施在欧盟法中被称为"进入救济"（access remedies），即通过救济能够使竞争者进入市场。根据欧盟委员会的通告，仅当竞争者通过这样的救济可能进入市场的情况下，委员会才能接受当事人提出的救济方案。如果当事人表示要开放其网络或者基础设施，或者许可使用其知识产权，但在因许可费过高和竞争者事实上不可能进入市场的情况下，这样的救济是不可接受的。

在数字经济环境中，数据往往成为互联网平台之间重要的生产资料，数据驱动型合并也为行为性救济方式拓展了新的思路。由于数字主导地位通常基于某种形式的动态规模经济，因此，有利于供应商或平台之间的互操作性的补救措施以及涉及某种形式的数据共享或允许访问的补救措施很可能是解决与合并相关问题的主要工具。例如，在社交网络中，可以通过使用户更容易直接与其他平台上的用户进行交互，或者通过采取措施促进用户从一个平台联合转换到另一平台来救济合并后实体增加的基础优势。相比之下，搜索公司之间的合并可能被要求允许访问其搜索数据，以便竞争对手可以跟上合并实体算法的改进步伐。如果两家拥有专有的"训练"数据集的人工智能公司想要合并，数据共享也可以是一种补救措施。

第六节　互联网平台经营者集中问题的规制路径

一、申报标准的改进

（一）学界观点

首先，对于现有的营业额标准，学界主要对该标准的适用灵活性进行了改进。蒋璐璇建议引入申报标准调整机制。我国当前的营业额标准是固定的数值，是依照 2008 年的经济水平制定的，是否能长期适用存在一定疑问，因此，可以借鉴域外做法，每年根据经济发展状况确定一个合理的标准数额。[1]蒋璐璇、林森相、卢晴川还建议申报标准应当体现行业特质，虽然现有法律已经考虑到特殊行业的特殊申报标准，但是普通行业中也有营业额的区分，例如，房地产业与轻工业的经济体量存在较大差距，应当加入行业系数改良现有的营业额标准。[2]

其次，对于是否将市场份额标准加入正式的经营者集中申报标准，学界争论较大。反对者认为，市场份额具有较低的客观明确性、计算难度大导致数据难以获得、不符合效率价值且市场份额不能反映市场实力；支持者则认为可以用盖然性的"市场份额标准"来兼顾申报标准制度的效率价值，作为现有营业额标准的补充，提升灵活性。[3]

最后，对于是否纳入交易额标准，早在反垄断法立法期间，王晓晔即

---

〔1〕 蒋璐璇："互联网双边市场经营者集中申报标准之困境"，载《东南大学学报（哲学社会科学版）》2017 年第 S1 期。

〔2〕 林森相、卢晴川："以效率价值主导的经营者集中申报标准重构——以滴滴出行与 Uber 中国合并为切入点"，载《东南大学学报（哲学社会科学版）》2017 年第 S2 期。

〔3〕 林森相、卢晴川："以效率价值主导的经营者集中申报标准重构——以滴滴出行与 Uber 中国合并为切入点"，载《东南大学学报（哲学社会科学版）》2017 年第 S2 期。

建议纳入"交易额标准",且 2005 年 12 月《中华人民共和国反垄断法
(草案)》的第十七条便有考虑合并企业的市场规模和交易额。但是这里
纳入的理由是,不引入交易额标准,没有考虑被并购企业的情况,可能导
致我国《反垄断法》对很多境内外并购行使不必要的管辖权。[1]但是随着
数字经济的发展,以交易规模评价互联网平台企业的集中比营业额更具有
合理性,韩伟即提出考虑我国引入交易额标准的可能性。[2]

（二）立法建议

OECD《数字经济》指出:当在位企业收购一个潜在破坏者,通常是
在破坏性威胁已经很明显,但破坏者仍然只有很低的营业额时才会进行。
因此,合并往往达不到申报条件。然而,由于破坏会带来很高的代价,在
位企业往往愿意支付很高的收购价格,这实际上是在位企业确保市场稳定
性给潜在破坏者的报酬。高额的市场收购价可能体现在位企业对破坏者未
来收入的预期。因此,特定案件中,高价收购一家低营业额的企业就可能
意味着妨碍创新过程,因此需要进行反垄断分析。[3]

根据上述数字经济时代企业并购的分析可以看出,单一的营业额标准
已经无法涵盖当下互联网平台并购的情形,可能导致难以挽回的创新损害
以及竞争损害,削弱了经营者集中审查的事前预防作用,增大了事后规制
成本,因此反垄断法的经营者集中申报标准规定应当予以完善,具体应从
以下几个方面入手。其一,营业额应加入调节机制,每年由专业部门根据
国民经济发展状况作出适当调整;同时,营业额也应当考虑行业性质作出
区分规定,如加入行业系数以便更加合理地判断不同体量的行业中经营者
集中对市场竞争可能带来的影响。其二,引入交易额标准作为营业额标准

〔1〕 王晓晔:"我国最新反垄断法草案中的若干问题",载《上海交通大学学报(哲学社会
科学版)》2007 年第 1 期。

〔2〕 韩伟:"数字经济时代中国《反垄断法》的修订与完善",载《竞争政策研究》2018 年
第 4 期。

〔3〕 韩伟主编:《数字市场竞争政策研究》,法律出版社 2017 年版,第 29 页。

的补充，对于一些难以用营业额评估市场力量的互联网平台企业而言，运用交易额标准可以较好地评估企业的价值和市场力量。

二、界定经营者集中相关市场的建议

(一) 收费市场

数据驱动型合并往往具有互联网平台双边市场的特点，使相关市场界定更具复杂性，传统的替代分析法标准的主观性特征以及基于单边市场建立的、以"价格—需求"为逻辑的 SSNIP 测试法无法完善地适用，因此可以引入"盈利来源界定法"界定收费市场中的相关市场。

"盈利来源界定法以收费主体与对象为依据，将网络交易模式区分为不同的市场。相关市场认定中以不同交易主体的'盈利来源'为标准进行分析，若盈利来源具有可替代性，则属于同一市场，而无需考虑特定信息产品的具体技术特征与专业知识情况。"[1]

"盈利来源标准来源于欧盟处理有关媒体案件的解决方式。在瑞典电信运营商、挪威电信运营商与挪威第一大传媒企业 Schibsted 的合并案中，欧盟委员会在界定三家企业的相关市场时将涉案主体的三种交易模式分别认定为特定产品市场——为居民和商用客户提供（拨号）上网接入服务市场、网络广告服务市场、有偿网络内容服务市场。其依此划分市场的理由是，上述三种交易模式的盈利方式不同。这一裁决理由借鉴了 Bertelsmann/Burda/HOSLifeline（Case No. IV/M. 973）合并案中的分析：欧盟委员会发现互联网服务市场上提供的付费内容构成了另一种区分于网络广告的市场，这是因为付费内容与广告产生的收入来源不同。网络广告由广告商向网站提供者付费，而有偿的网络服务内容则由预订者或者使用者向内容提供商付费，此外，在这一案件中，还存在着一种'盈利来源'，即第一种

---

〔1〕 OECD. GeneralDistributionOCDE/GD（97）44. ApplicationofCompetitionPolicytoHighTech-Markets，http://www. oecd. org/dataoecd/34/24/1920091. pdf.

类型，向消费者提供（拨号）上网接入服务市场，这一类由用户向网络接入服务提供商付费，因此，三者构成三类相互之间界线分明的产品市场。"[1]

（二）免费市场

数据驱动型合并中往往存在免费市场，SSNIP 测试法会因此失灵，作为对传统替代分析法的补充，SSNDQ 测试法和 SSNIC 测试法能够帮助执法机构更严密、更有说服力以及更透明地界定免费市场中的相关市场。

（1）SSNDQ 测试法，即微小但是显著的非暂时性质量下降测试法。相较于 SSNIP 测试法将价格作为变量，SSNDQ 测试法中变动的竞争因素是质量，因为在以免费为商业模式的市场中，价格竞争作用淡化，取而代之的是商品或服务的质量竞争。

在实践中，有关如何定义"质量"存在一定的问题，因为不同的消费者对质量的不同倾向将产生不同的认识；同时，量化质量的减损也存在问题。

（2）SSNIC 测试法，即微小但是显著的非暂时性成本增加测试法。相较于 SSNIP 测试法将价格作为变量，SSNIC 测试法中变动的竞争因素是成本。成本可以界定为消费者的利益，例如用户的时间花费，或者隐私保护程度。

（3）相关地域市场，不宜过分夸大数据突破物理时空限制的特点，而应当综合分析合并主体商品或服务的其他特征，例如语言、提供商品或服务的设备等，谨慎地划定相关地域市场。

三、注重数据与创新因素的竞争效果分析

（一）数据因素考察

对于世界各主要经济体而言，数据正成为一种重要的资源，可以带来

---

〔1〕 孙晋、钟瑛嫦："互联网平台型产业相关产品市场界定新解"，载《现代法学》2015 年第 6 期。

新知识，推动价值创造，培育新产品、新工艺和新市场。这种趋势被进一步称为"数据驱动创新"（DDI）。[1]通过合并的手段获取特定数据资源，能够提升研发效率，有利于平台生态系统的进一步扩张。但是，合并后封锁数据会给合并后实体带来市场力量。为获得数据优势，平台通常采取激进的行业并购策略，从数据资源层面实现市场封锁。在确定数据驱动型经营者集中的反竞争效果时，执法部门需要深入分析数据对相关企业市场力量的影响。理论上讲，评估分析可以从数据对数据拥有者市场力量的直接影响、数据对数据拥有者竞争对手（现有及潜在）的影响，以及数据拥有者的用户反应这三大方面展开分析。对竞争对手的影响可从数据的可获得性（包括数据接入、数据共享、数据转移）与数据的可替代性方面来考察。通过分析用户面对以数据分析结果所开发的产品或服务时的反应，也可以间接考察数据对企业市场力量的影响，并且在必要时可分析平台数据隐私保护水平的变化对消费者利益的影响。

（二）创新因素评估

就数据驱动的创新因素而言，虽然我国《反垄断法》第二十七条第三项规定在审查时应考虑"经营者集中对技术进步的影响"，但运用创新损害理论体系从创新损害角度评估平台合并对竞争的影响的案例尚无。在数字经济时代，创新已成为与竞争并重的推动经济发展的重要因素。针对创新因素的并购审查可从以下几方面进行：吸收创新带来的利润侵蚀、平台合并后的创新意愿、并购对工艺与模式的改进。大型互联网平台的防御性收购可能会侵蚀因创新可获得的额外利润，降低社会总福利。具有市场力量的平台企业吸收初创企业后，其继续创新意愿是否会有大幅度衰减可成为执法机关重点考察的因素之一。

---

[1] OECD, *Data-driven Innovation for Growth and Well-being*, 2014.

四、执法路径优化

（一）在传统框架和现行规则体系内，更新观念与技术，适应互联网行业特点

诚然，互联网技术的发展给工业时代形成的经营者集中审查制度体系带来了变革之风，但全盘打破现有申报标准、交易形态、相关市场界定方法，颠覆竞争效果评估框架，并不符合经济发展现实。前文已述，针对互联网平台实施集中行为的价格替代界定方法虽遭遇困难，但可以依据不同分类平台下的竞争特点，选择多元化的市场界定方法，在不放弃相关市场界定这一基础程序的前提下，对现有事实与证据进行更充分的考虑，保持开放立场。对执法机构而言，要遵从法治原则进行独立与清晰的分类，同时深入了解互联网行业的竞争特点，以对市场竞争与行业发展有利、负责的态度对平台合并案件进行审查。

（二）救济方式优先选择行为性救济

我国目前互联网平台相关的经营者集中救济的执法案例非常少，可供借鉴的实务经验不多，但是已可以看出执法机构附加的限制性条件以行为性救济为主。孙晋认为在市场结构上天然具有冒尖效应的互联网服务行业，应当优先选择行为性救济，包括开放网络平台、关键基础设施等；袁日新指出市场份额仅是竞争分析的起点，应当更多地运用行为性救济方式。在实施救济时，要审慎考虑限制性条件所涉及的质量、价格内容，涉及技术问题时还要考虑技术发展的前景、趋势，引入专家评估。

（三）促进救济监督制度的落实

虽然法律规定对限制性条件的履行有后续的监督制度，但是在政府的相关文件上，监督制度履行的透明度较低。相比于欧美反垄断执法机构，我国没有明显的限制性条件效果评估的跟进记录。例如，国内三起相关案件中，只有两份随着市场状况变化而作出的解除限制性条件的公告。首

先，在限制性条件履行过程中要求经营者履行持续披露义务，能够保障救济发挥适当的效果以及不适当时救济措施能够得到及时调整；其次，可以引入监督受托人机制，以缓解执法机构自身资源不足造成的监管压力；最后，在救济实施出现争议时，可以考虑适用仲裁机制解决纠纷。

第七章

超级平台的反垄断规制

第一节　超级平台概述

一、超级平台概念的提出

超级平台并非以某一单独模式或功能进行运作的网络平台，而是以"聚合体"（group）形式参与市场竞争的平台。我们可以将其描述为，统合线上线下要素和资源，基于网络规模经济与范围经济形成平台商业生态系统，并依靠平台多方市场网络效应与用户锁定效应收集用户数据，对用户具有高黏性已成为重要信息基础设施，整理、分析、运用并反哺自身发展，实现同行业、跨行业联合或集中的实质控制并不断扩张的网络平台。[1]"聚合体"以平台领导者（超级平台的核心部分）为基础设计平台架构，开放接口、提供技术或资金支持并在此之上建立该"聚合体"的"商业规则"从而保证该"聚合体"的有效运营。"聚合体"中的平台追随者利用平台领导者的技术、资金与接口提供"聚合体"所需的"补足品"（互补性线上下服务或产品），并从聚合体中获益。[2]超级平台是互联网规模经

---

[1]　方兴东、严峰："浅析超级网络平台的演进及其治理困境与相关政策建议——如何破解网络时代第一治理难题"，载《汕头大学学报（人文社会科学版）》2017年第7期。

[2]　李宏、孙道军：《平台经济新战略》，中国经济出版社2018年版，第96页。

济与范围经济的真实体现，核心平台凭借其积累的商业实力，不断提高自身规模、拓展业务范围，逐渐建立起一套较为完整的平台生态系统，形成平台自身的"商业规则"。这种规模经济与范围经济能够建立起多领域的市场进入壁垒并不断扩张，从而使小的平台很难独立存在进而被超级平台吸收。

谷歌、亚马逊、脸书、苹果（四者业界俗称 GAFA），阿里巴巴、腾讯、百度（三者业界俗称 BAT）等大型互联网平台属于典型的超级平台。以谷歌为例，收购摩托罗拉，使其获得移动通讯设备制造能力，凭借摩托罗拉移动积累的大量相关专利，结合谷歌自家研发的 Android 智能移动设备操作系统，利用其搜索引擎服务所积累的庞大用户数据，最终推出了 Nexus 系列移动智能设备产品，实现了其平台业务由单纯提供互联网软件服务到与数字硬件产品生产相结合的转变。当前谷歌欲收购 Fitbit[1]，从而使其进入看似与其"毫不相关"的健康数字产品领域，但实际上收购可能使得谷歌建立起智能数字健康产品的市场壁垒，令其平台的业务生态进一步得到拓展。

二、超级平台的特点

伴随着包括以大数据、人工智能为核心的数字技术发展，人类正逐步踏入依靠数据连接的"万物互联"时代，超级平台在普通网络平台的基础上，衍生出了其他更为突出的特点，具体有如下几个方面。

（一）拥有跨市场影响力

超级平台往往拥有"超级权力"，同时对多个相关市场产生影响。超级平台利用其不断规模化进程中所形成的业务网络，获得了普通网络平台无法拥有的用户数据群，并利用数据这一"资产"优势，甚至能够实现平台业务对社会公共基础服务的渗透。腾讯利用旗下的 QQ、微信等即时通

---

[1] 全球知名可穿戴设备厂商，总部位于美国旧金山市。

讯软件，凭借网络效应带来的庞大用户群体，对传统的电信业务领域产生了极大的冲击；阿里巴巴旗下的蚂蚁金服，凭借支付宝、余额宝、芝麻信用、蚂蚁花呗等多项产品，进入金融领域，并实现了对邮政储蓄银行、天弘基金等传统金融企业的投资，更是与腾讯一道成为中国国际金融股份有限公司的大股东。[1]由此看来，超级平台凭借其对资本、信息、技术等资源的掌控，逐渐将其市场力量向平台之外延伸，并使平台在它形成的产品、服务链中越发占据主导地位。伴随着对社会公共服务领域的渗透，用户不自觉地受到平台支配，平台拥有对用户产生直接、重要影响力的权力。[2]而"超级权力"极易被平台滥用，从而带来垄断行为等一系列不利后果。

（二）全面渗入各个传统行业

平台业务全面渗入其他产业，逐渐将竞争内部化。超级平台的涌现符合企业追求规模经济与范围经济的目标，使得平台将原本独立竞争的领域联结起来，降低了交易成本。例如，基于母平台带来的信息优势，各子平台能够利用已有的用户偏好信息与自身产品、服务进行匹配，降低了搜索信息带来的成本，亦为用户带来更精准匹配需求的产品与服务。[3]在这种思路的引导下，超级平台业务逐渐与传统产业进行融合，如制造业、旅游业、餐饮业等，比如前文中提到的 LBS 模式平台、OTA 平台、共享经济平台，均为互联网平台利用信息资源优势，结合传统产业服务项目进行优化所产生的新型业态。不过，交易的内部化会提升市场壁垒，其他进入者难以在成本上形成竞争优势；平台内部降低交易成本的行为也有可能扭曲相关市场的竞争，损害其他竞争者的利益。

〔1〕 "阿里巴巴入股中金集团，成为仅次于腾讯的第三大股东"，载 http://www.sohu.com/a/297820651_ 120022804，最后访问日期：2020 年 2 月 12 日。

〔2〕 "阿里巴巴入股中金集团，成为仅次于腾讯的第三大股东"，载 http://www.sohu.com/a/297820651_ 120022804，最后访问日期：2020 年 2 月 12 日。

〔3〕 JRC, "An Economic Policy Perspective on Online Platforms", *Institute for Prospective Technological Studies Digital Economy Working Paper*, 2016, p. 28.

（三）深度进入社会公共领域

此外，互联网平台业务正逐渐向社会公共领域，甚至关系国计民生和国家安全的重点行业领域渗透。例如，微软力克 AWS[1]，获得美国国防部价值 100 亿美元的云计算项目 JEDI（Joint Enterprise Defense Infrastructure），旨在用现代化手段更新美国国防部大多数系统和应用程序，提供通用云计算服务平台；腾讯与阿里巴巴也同中国各地方政府合作，参与"智慧城市""智慧政府"的建设等。质言之，超级平台正通过渗透各个相关市场，以实现平台相关竞争业务的内部化，提升企业效率，降低交易费用，最终实现平台市场地位的巩固与提升。但这也极大地增加了平台企业依靠市场力量破坏竞争的风险，以及监管机构应对竞争问题的复杂性。

（四）控制数据能力和已掌握数据量大

虽然学界对于数据在形成市场力量、保持市场地位的能力问题上尚无定论，[2]但不可否认超级平台的崛起离不开强大的数据控制能力，其自身生态凭借网络效应收集海量用户信息，在控制相关数据的基础上提高了进入壁垒，获得了竞争优势。另外，超级平台相较普通平台在算法设计与人工智能中投入更高，数据处理能力更强。并且依靠超级平台广泛的业务范围，其聚合的消费者多领域的数据比传统公司提供的限定在某领域的单个数据集更具价值。

（五）现金流极好，拥有很强的收购整合能力

互联网平台企业与传统企业的盈利模式不同，平台企业的商业模式具有高速增长、轻资产、用户数广泛的特点，其以放弃短期盈利而获取长期利润的方式使得投资者对互联网平台企业的长期估值更为看好，这也解释

---

〔1〕　全称"Amazon Web Services"，隶属亚马逊公司旗下，全球最全面和最广泛地被采用的云计算服务平台。

〔2〕　Toshiaki Takigawa, "Super Platforms, Big Data, and the Competition Law: The Japanese Approach in Contrast with the US and the EU", *ASCOLA Conference*, *New York University*, Vol. 6, 2018, p. 4.

了互联网平台企业普遍高市值的现象。

充足的市场投资与互联网行业轻资产的特性相结合，使得平台企业能够运用充裕的现金流实现对目标企业的收购。2019年6月，谷歌公司以26亿美元收购了数据分析公司Looker[1]，并将该公司并入Google Cloud，以增强谷歌在大数据分析以及云服务领域的竞争力。此次收购是继收购摩托罗拉、Nest[2]之后谷歌历史上第三大数额的收购案，也是迄今为止全球云服务市场规模最大的收购案。无独有偶，另一位互联网巨头脸书更是在2014年对WhatsApp进行了高达190亿美元的"天价收购"，谋求对即时通讯领域的进一步控制，获得WhatsApp庞大的用户数据，以便在推广新业务时获得先机。

第二节　超级平台相关垄断案例

以美国GAFA为代表的超级平台，在近五年内与各国竞争执法机构产生了多次涉及垄断问题的碰撞。

一、谷歌比较购物案

以谷歌为例，欧盟委员会曾于2017年6月27日对其开出高达24.7亿欧元的天价罚单。欧盟委员会认为，自2008年起，谷歌一直通过改变其搜索引擎的搜索结果，使得其子平台谷歌购物的搜索排名居于其他购物服务竞争对手之前，令之前表现并不抢眼的谷歌购物服务流量激增，获得欧洲用户更多的点击量，从而获得平台整体利润的提升，同时造成竞争对手流量的降低。欧盟委员会裁定，谷歌虽有权利去推广自身品牌，但其调整搜索结果改变排名的行为违反了欧盟保护市场竞争和消费者的法规，剥夺了

---

〔1〕　2012年成立于美国加州，是商业智能软件和大数据分析平台。
〔2〕　智能温控设备制造商，后被谷歌公司收购。

竞争者（其他购物平台）依靠自身优点去竞争、创新的机会，同时令欧洲消费者难以获得购物服务企业相互竞争与创新带来的好处，剥夺了消费者的选择权，损害了消费者福利。[1]

二、谷歌安卓系统垄断案

竞争执法部门对谷歌的关注并未停止。2018 年 7 月，欧盟委员会基于谷歌对安卓设备制造商及移动网络运营商施加非法限制以巩固其在通用互联网搜索服务商中的市场占比，对其处以 43.4 亿欧元的罚款。欧盟委员会认为在本案中，谷歌分别在欧盟成员国内的通用互联网搜索服务市场、可授权的智能手机操作系统（Licensable Smart Mobile Operating Systems）市场与安卓应用商店（App Stores for the Android Mobile Operating System）市场均拥有超过 90% 的份额，具有市场支配地位。谷歌以非法捆绑的方式要求设备制造商安装其应用程序和服务，如要求制造商预装 Chrome 浏览器，作为使用手机应用商店 Google Play 的前提条件，欧盟委员会认为该行为构成滥用其在安卓应用商店支配地位的行为；谷歌向设备制造商和网络运营商提供经济补偿，要求其排他性预装谷歌搜索程序，滥用其在智能手机操作系统上的支配地位；谷歌有意阻挠制造商使用"非原生安卓系统"及"未经谷歌认证的'安卓分支'（Android Forks）系统"，以巩固其系统的市场地位，也构成了滥用行为。[2]

三、亚马逊 MFN 条款案

2020 年，亚马逊公司成为全球市值最高的公司，它以网络零售平台业务起家，通过多年来的业务拓展，成功地在多个相关业务领域获得极高的

〔1〕　European Commission Competition DG, Case AT. 39740 Google Search, Antitrust procedure, Date：27/06/2017.

〔2〕　European Commission Competition DG, Case AT. 40099 Google Android, Antitrust procedure, Date：18/07/2018.

市场地位。截至目前，亚马逊公司已成为涵盖市场平台、物流配送、支付信贷、图书音像出版、时尚设计、硬件制造与云服务业务的综合性网络公司，其以低利润获取高速扩张的商业策略，以及跨行业的整合，实现在市场结构中的支配地位。[1]

MFN 条款的有关概念，在前文"平台与经营者之间的最惠国待遇条款"部分已作出说明，不再赘述。在本案中，亚马逊公司要求供应商一旦给予其他竞争平台更为优惠的条件，则应通知亚马逊公司并使其获得同等条件的对待，包括商业模式同等、选择同等（selection parity）、代理价格同等、促销同等、佣金同等。[2]基于电子书与纸质书之间替代性不强的理由，欧盟委员会将相关商品市场界定为电子书市场，并在此基础上根据书籍语言种类作出了进一步区分。欧盟委员会认为亚马逊公司在电子书销售市场中的份额高且盈利能力强，较主要竞争对手差距可达 7 倍；同时电子书销售市场具有明显的进入壁垒（为获得足够的电子书资源，需与各出版商、作者签订许可协议），亚马逊公司自身销售的 Kindle 阅读器也具有一定的用户锁定能力；再添之亚马逊公司在电子商务领域及其他商业领域所拥有的市场力量，电子书供应商很难与之抗衡。结合以上，欧盟委员会认定亚马逊公司具有市场支配地位，而签订 MFN 条款实际排除了其他分销者的竞争，妨碍了电子书销售市场的发展，降低了电子书供应商之间的竞争，最终该行为被认定为滥用了市场支配地位。

四、脸书滥用市场支配地位收集数据

2019 年 2 月，德国反垄断执法机构联邦卡特尔局认定脸书滥用市场支配地位，在用户不知情以及不同意的情况下搜集用户信息，并通过用户协

---

〔1〕 Lina Khan："亚马逊的反垄断悖论"，朱悦译，载《网络信息法学研究》2019 年第 1 期。

〔2〕 曾雄："互联网电商平台的反垄断问题分析 基于欧盟对亚马逊 MFN 条款的处理"，载《互联网天地》2018 年第 12 期。

议条款迫使用户同意脸书用户在脸书及旗下平台（WhatsApp/Instagram）、第三方网络平台或 APP 的数据。经德国联邦卡特尔局调查并得出初步结论，脸书的"数据共享"功能在没有征得用户同意的情况下默认开启，并将其所收集的数据用于广告服务，属于滥用市场支配地位的行为。

　　德国联邦卡特尔局认为，脸书在德国的社交网络服务相关市场具有支配地位，在谷歌退出德国社交网络服务市场后，脸书鲜有能够替代其服务的竞争对手。而 Youtube 等网络媒体平台提供的服务与脸书重合度较低，因此，将本案相关商品市场界定为社交网络服务市场，相关地域市场为德国市场。脸书在德国社交网络相关市场占有 90% 的市场份额，并且拥有极高的用户黏性，其 3200 万的月活跃用户数规模难以被其他社交网络平台取代，遂最终认定其具有市场支配地位。最后，德国联邦卡特尔局认为，脸书强迫用户接受平台使用其个人数据，损害了德国宪法所保护的个人信息自主权；并且利用用户自身数据所形成的个人数据包，能够对用户作出精准识别，从而推出更具用户锁定效应的服务与产品，例如，在精准投放广告市场，脸书可以利用前述优势实现排除、限制其他竞争对手的目的。

第三节　针对超级平台的特别规制

　　从全球主要法域的监管趋势来看，针对互联网超级平台的执法关切正不断深入。美国国会拟加强对科技巨头企业，如苹果、脸书、亚马逊等公司的竞争问题调查，2020 年伊始，美国执法机构便对三项涉及新生竞争力的合并案件作出审查。欧盟委员会也释放了从严审查互联网超级平台竞争问题的信号。德国更是在《德国反限制竞争法》第十次修订中提出加入针对超级平台规制的专门条款。

一、《德国反限制竞争法》第十次修订草案中的"超级平台条款"

　　《德国反限制竞争法》第十次修订草案新增第 19a 条，引入了对于具有"显著跨市场竞争影响力的经营者"（Unternehmen mit überragender marktübergreifender Bedeutung für den Wettbewerb）的专门规制。

（1）当某经营者在多个市场上大范围开展业务时，德国联邦卡特尔局可以认定其具有显著跨市场竞争影响。在确定显著跨市场竞争影响时，需要重点考虑以下几个方面：

a. 该经营者在一个或多个市场上具有支配地位；

b. 该经营者的资金实力或者控制特殊资源渠道的能力；

c. 该经营者的纵向整合能力以及其在其他相互连接的市场开展业务的情况；

d. 该经营者控制竞争相关数据的能力；

e. 该经营者的业务对第三方进入采购市场或者销售市场的意义，以及该经营者对第三方开展业务的影响。

（2）德国联邦卡特尔局可以禁止上述具有显著跨市场竞争影响经营者：

a. 没有正当理由，在提供居间服务时对自身提供的产品或服务与其他竞争对手提供的产品或服务差别对待；

b. 没有正当理由，在该经营者还未取得市场支配地位但已经开始迅速扩张的市场上，对其他竞争者进行阻碍，而且该阻碍行为严重损害了竞争过程；

c. 没有正当理由，该经营者利用其在其具有市场支配地位的市场上搜集到的竞争相关数据，与其在其他市场上搜集到的数据相组合，去设立或提高另一市场的市场进入门槛，或者对其他经营者进行阻碍，或者要求其他经营者允许其利用竞争相关数据；

d. 没有正当理由，妨碍产品或服务的互操作性，或影响数据的可携性，并由此妨碍竞争；

e. 没有正当理由，不充分披露其提供产品或服务的范围、质量和效果，或者用其他方式致使其他经营者难以判断其提供产品或服务的价值。

该正当理由的举证责任应当由被调查的经营者承担。

该"超级平台条款"在学界引起了较大争议，最终是否能够被保留下来尚未确定，但至少反映了德国立法者对于超级平台问题的关注和相应态度。《德国反限制竞争法》第十次修订草案将"显著跨市场影响力的经营者"的认定权力限定给联邦卡特尔局，并对此类经营者可能涉及的滥用行为类型进行了列举，大部分来自过去几年发生或查处的实际案例，草案各项条款均体现出立法的针对性和现实性。

二、超级平台的规制路径

结合前文中对超级平台特性的分析，以及对超级平台垄断行为典型案例的了解，本书对超级平台的反垄断规制提出几点建议。

（一）挖掘平台自我规制能力，寻找公权执法与自我管理的平衡

超级平台在形成产业生态后，通过平台内部的自我监管与调节，会极大提升效率：如亚马逊公司通过收购 Quidsi[1] 等众多类别的初创电子商务品牌巩固其在网络零售市场中的支配地位，并将其转化为针对配送行业的议价能力，借此与第三方物流企业实现一体化，并最终形成"零售—配送"一条龙的服务，降低了各环节的交易成本，并依靠亚马逊平台内部各子平台的协作，实现其网络零售业务效率的提升。超级平台复杂的生态使得其内部监管与调节行为在某种程度上也会影响外部市场的竞争。如平台可能会限制内部的竞争（例如通过收取会员费、设置许可证等方式限制平台内部的竞争），以此提升平台控制价格的能力；又如平台在规制"搭便车"行为时对用户采取的管理措施，亦可能抑制正常的竞争。因而，竞争监管机构在执法活动中应保持谨慎，评估平台自我规制行为对市场竞争的影响，避免不当干预造成的效率损失。

---

〔1〕　美国母婴电商品牌，被亚马逊公司收购作为旗下部门，并于 2017 年被关闭。

(二) 重视数据在竞争中的作用

数据是互联网平台赖以生存和发展的关键要素之一。由于当前数据权属配置仍难以确定，使得数据的共享、流动如滚芥投针。消费者、竞争者、平台之间应形成良性的数据共享分配机制，提升交易透明度，减少平台利用信息不对称实施限制竞争对手、损害消费者利益等行为，减少"赢者通吃"与"数据孤岛"现象的出现。与此同时，数据共享能够削弱超级平台依靠先占形成的进入壁垒，有利于初创企业等新进入者，依靠技术、资金等其他资源，形成新型商业模式，获得与在位企业竞争的机会与实力，促进平台价值链各相关市场的有效竞争。

《德国反限制竞争法》第十次修订的草案优化了"必要设施原则"，试图改变对"必要设施"（essential facilities）解读过窄的情况，并将"数据"添加为基础设施之一，以适应数字经济发展。英国也提出增设具有专业人员的智能部门，用以监督平台数据的使用，确保算法与人工智能的发展不会产生反竞争活动、抑制创新或损害消费者利益；同时，针对数据驱动的经营者集中行为，执法部门要进一步优先考虑合并行为（基于获取数据的目的）对相关市场中创新的危害及潜在影响。[1]

日本学界认为，数据对于超级平台的市场力量变化有至关重要的影响。首先要考虑数据的非竞争性，实时关注数字市场的竞争活力以及"领头羊"平台的变动，在分析数据对市场力量的影响时需注意超级平台所拥有的市场力量并非永久性这一前提。不过，数据的运用带来 AI 的卓越发展，其对于超级平台市场力量的巩固不可忽视。通过实现对大数据的自动分析加速了数据驱动的网络效应，好在具有强大 AI 功能的超级平台数量有限，在当前发展阶段仍可能受到新进入者的干扰。最后，数据转移的限制削弱了用户多栖性，尽管超级平台允许用户选择其他应用，但实际上用户

---

[1] CMA, *Unlocking Digital Competition: Report of the Digital Competition Expert Panel*, 2019.

被锁定。[1]因此，规制数据驱动的超级平台需要进行各个领域的单独审查，因为超级平台基于数据所拥有的市场力量在现阶段具有合理性，不可一概而论。

（三）重视跨市场势力对竞争的影响

超级平台利用多边市场和网络效应等市场特性，将其平台下某边的市场力量传导至另一边，并结合产业生态网使其市场力量不断渗透（如亚马逊、阿里巴巴等巨头通过电子商务平台渗透其市场力至金融、物流等其他领域），适用传统单边市场理论，并不能很好规制超级平台以一边支配力传导并影响其他市场的情形，因此需要着重评估超级平台跨市场势力对竞争产生的影响。《德国反限制竞争法》第十次修订草案第十九条"市场支配地位滥用行为"后增设禁止经营者跨市场优势地位滥用行为条款，判定满足跨市场优势地位的条件是该经营者需满足在一个甚至多个市场有支配地位的条件，但不要求必须在涉及的每一个市场都有市场支配地位，同时列举了五项被禁止的滥用行为，其中包括禁止类似谷歌购物案中超级平台偏向自身服务产品的行为，由此可见新条款对超级平台市场势力渗透这一特征的针对性。

---

[1] Toshiaki Takigawa, "Super Platforms, Big Data, and the Competition Law: The Japanese Approach in Contrast with the US and the EU", *ASCOLA Conference*, *New York University*, Vol. 6, 2018, p. 6.

第八章

主要结论

一、双边市场与多边市场效应是互联网平台竞争的根本特征

平台为双边市场中的交易双方提供了降低交易成本，解决外部效应的场所，使得平台各边的价值随着加入平台用户的数量提升。为了吸引更多的用户加入平台网络中，互联网平台需要不断增强用户需求的依赖性与互补性，使得只有双边用户都存在时，平台的产品或服务才能达到盈利目的。多边市场效应也为互联网企业解决高固定成本，快速获得盈利提供了手段。基于市场各边用户相互依赖的需求以及弹性差异，平台可以采取倾斜定价的做法，使双边市场的价格结构呈现非中性特点，由此衍生出"零价格"产品或服务，冲击了以价格理论为基础的传统经济学理论与反垄断规制体系。

二、网络效应成为平台发展的首要推力

平台提供的产品与服务价值，不仅取决于其自身价值，还与该产品或服务的用户规模和产品、服务兼容等情况，用户规模与产品或服务价值呈正相关。网络效应推动互联网平台规模经济与范围经济的形成与发展。"赢者通吃"现象使互联网平台寡头竞争成为市场常态；而范围经济带来的产品与服务间的差异化，避免市场成为一潭死水，有利于平台追求创新，推动平台生态系统的形成。网络效应的双面性给竞争执法增加了分析

难度。

三、数据是平台竞争的核心资源

数据是互联网平台竞争中的核心经济资产，是平台长期增长与创新的关键，其获取与使用已成为平台企业竞争的焦点。

一方面，互联网平台"做中学"模式依赖于算法的不断试错更迭，更多的数据能为平台带来更少的试错成本与优化空间，从而不断提升产品与服务质量，吸引更多用户。同时，拥有数据优势的企业可利用用户资源及网络效应带来的用户黏性，以跨市场经营的方式将数据优势辐射至其他相关市场，拓宽盈利渠道，竞争激烈程度增加。

另一方面，在位平台由于长期发展而拥有庞大的用户数据库、技术水平较高的算法技术等，若不实现开放，则对中小竞争者构成极高的技术壁垒。拒绝数据开放与共享已成为互联网平台拒绝交易行为的典型表现形式。而因资金技术投入、产品研发以及用户隐私等因素，数据开放与共享需要谨慎对待，必要设施理论的适用仍需进一步观察研究。除此之外，以数据驱动的经营者集中案例的出现，对《反垄断法》提出了新的挑战，而当前国内针对数据驱动型经营者集中的规制专项研究较少，难以实现体系化。我国针对此类基于数据驱动的经营者集中审查案例尚无，导致从理论到实践层面均缺少应对方案，不利于应对可能出现的新问题。

四、《反垄断法》应加入更多创新因素考量

互联网孕于创新，互联网平台的发展史本身就是一部创新史。创新是平台企业创始发展与维持市场地位的根本，更是打破垄断的利器。不断创新才能实现有效的投入产出，实现成本优势，占领市场并走向垄断。[1]平

---

〔1〕　仲春：《创新与反垄断——互联网企业滥用行为之法律规制研究》，法律出版社 2016 年版，第 29 页。

台企业需要持续不断的创新，以在竞争激烈的市场中求得生存。当前《反垄断法》及配套各部门规章对创新的关注主要集中于技术更新，对于层出不穷的新兴商业模式与不断发展的企业组织结构无暇顾及，使得互联网行业经历了长期的野蛮生长，先锋企业已建立起巨大的市场优势，超级平台更是将市场力量逐步传导到社会治理层面。从立法层面上，《反垄断法》需要将创新因素深度体系化后加入规制框架中，鼓励创新以促进竞争，同时也要及时遏制以创新为名所实施的严重阻碍、扭曲市场长期良性竞争的行为，对互联网平台新兴商业模式的合法性给予规范。在执法活动中，需要执法机关对促进创新与损害竞争进行二元价值的平衡，以提升消费者福利为标准，促进经济发展为最终目标，对互联网平台的竞争行为作出符合产业良性发展的判定。

五、互联网平台垄断协议的规制路径优化

互联网平台相关垄断协议包括平台固定价格、最惠国待遇条款、独家授权等，涉及轴辐协议、算法共谋等特殊问题。在立法方面，建议扩大垄断协议行为的主体范围，明确平台的主体地位；增加列举典型纵向非价格垄断协议行为，以防止互联网平台利用非价格限制进行纵向一体化，不当地扩大市场力量；同时可以降低协同行为的认定难度，强化对默示共谋行为构成垄断协议的认定，通过指南的方式明确认定条件；还应当进一步完善经营者宽大制度，以更好地打破长期卡特尔，破除算法运用带来的卡特尔成员间的行为监测，最终实现对隐蔽垄断协议的规制。

在执法方面，建议在个案中敢于对基于算法的默示共谋行为进行执法，现有协同行为的认定标准得以扩大性适用可以解决个案中的认定难题；同时，建议谨慎使用强制公开算法或禁用数据的执法手段。数据和算法是数字经济时代互联网平台企业的核心资产和竞争力，如果强制要求其公开算法或者禁用数据，可能会打击平台企业的创新热情，延缓技术进步

和效率提升的进程。

六、互联网平台滥用市场支配地位的规制路径优化

数字经济背景下，互联网平台的诸多特点给滥用市场支配地位行为的规制带来了较大挑战。在立法方面，建议调整市场支配地位推定条款，原有以市场份额为基础的市场支配地位推定标准很难适应数字经济时代的变化，因为互联网平台的市场份额计算存在诸多困难，建议针对互联网平台企业取消通过市场份额来推定市场支配地位的条款。在市场支配地位的认定中引入创新积极度考量因素，将互联网平台的创新能力、创新积极性等作为考量因素。如果互联网平台能够保持创新则可以推知其市场力量并未大到可以控制市场的程度，从而降低对其竞争行为的要求。此外，建议增加侵害用户隐私的滥用行为类型，因为此类行为限制用户的自由选择权，容易被互联网平台利用以增强其市场力量。

在执法方面，建议在认定市场支配地位时加强对非市场结构性因素的考量，例如经营者的创新能力、数据控制能力、跨市场竞争能力等，以应对数字经济时代的发展变化；加强对互联网平台独家交易行为、掠夺性定价行为、搭售行为、拒绝交易行为、价格歧视行为等重点行为的执法，尤其是需要结合该平台实施上述行为的目的进行违法行为判断，从加强反垄断和防止资本无序扩张的角度理解单项行为的竞争危害性和社会危害性。

七、互联网平台经营者集中审查制度的优化

数字经济时代涉互联网平台的经营者集中反垄断审查受到严峻挑战，因为诸多原因，原有大部分涉互联网平台经营者并未及时进行反垄断申报即完成了集中。在立法方面，首先，建议改进经营者集中反垄断申报的申报标准，引入交易额标准以完成对营业额标准的补充，同时明确 VIE 架构不影响经营者集中的反垄断审查；其次，在经营者集中审查中进行相关市

场界定时，可以引入"盈利来源界定法"来完善对收费市场的相关市场界定，而对于免费市场，则可以引入 SSNDQ 测试法和 SSNIC 测试法；在经营者集中反垄断审查的审查实质性标准中，建议加入对数据因素的考察和对创新效果的评估，包括集中完成后对参与集中各方和市场其他主要竞争者创新意愿的影响等。

在执法方面，针对互联网平台相关经营者集中，首先，应当注重对互联网行业特点的结合分析，在总结过往该行业发展特点的基础上作出审查判断和执法决定；其次，在救济方式上建议优先选择行为性救济，而非结构性救济，因为互联网平台的业务或资产剥离有较大实操障碍，而施加开放平台、开放数据接入等行为义务更符合该行业特点；最后，鉴于社会公众对互联网平台相关经营者集中的关注，还应当促进救济监督制度的落实。

八、加强对超级平台的反垄断规制

超级平台是在不同相关市场均具有一定竞争优势，可以统合线上线下要素，基于网络规模经济和范围经济形成的平台性商业生态系统，其通常具有较强的数据控制能力和较高的现金流水平，能够在不同行业实行快速进入和发展。欧盟、日本、韩国等国家和地区已经对 GAFA 等超级平台展开反垄断执法并处以高额罚款，我国也于 2021 年对阿里、腾讯、美团等超级平台进行了反垄断执法，美国则是开始进行针对超级平台的反垄断专门立法和执法程序的制定。在此背景下，建议加强对超级平台的综合监管，反垄断监管作为综合监管的重要一环，应当重点关注超级平台的平台规则设定对市场竞争的影响，重视数据在平台竞争中的作用和超级平台对数据的控制程度，重视跨市场力量对竞争的特殊影响，从保护整体市场竞争和社会稳定发展的角度加强对超级平台的反垄断规制。

参考文献

一、著作类

[1] 孙晋.反垄断法——制度与原理[M].武汉：武汉大学出版社，2010.

[2] 李昌麒.经济法学[M].北京：法律出版社，2016.

[3] 徐孟洲，孟雁北.竞争法[M].北京：中国人民大学出版社，2018.

[4] 王晓晔.反垄断法的相关市场界定及其技术方法[M].北京：法律出版社，2019.

[5] 叶明.互联网经济对反垄断法的挑战及对策[M].北京：法律出版社，2019.

[6] 韩伟.OECD竞争政策圆桌论坛报告选译[M].北京：法律出版社，2015.

[7] 程贵孙.互联网平台竞争定价与反垄断规制研究——基于双边市场理论的视角[M].上海：上海财经大学出版社，2016.

[8] 时建中，张艳华.互联网产业的反垄断法与经济学[C].北京：法律出版社，2018.

[9] 韩伟.数字市场竞争政策研究[C].北京：法律出版社，2017.

[10] [美]阿姆瑞特·蒂瓦纳.平台生态系统：架构策划、治理与策略[C].侯赟慧，赵驰，译.北京：北京大学出版社，2018.

[11] [加]唐·泰普斯科特，[英]安东尼·D·威廉姆斯.维基经济学 大规模协作如何改变一切[C].何帆，林季红，译.北京：中国青年出版社.2007.

[12] 蓝海林.企业战略管理[C].北京：科学出版社.2011.

[13] 王晓晔.反垄断法[M].北京：法律出版社，2011.

[14] [美]理查德·A.波斯纳.反托拉斯法[M].孙秋宁，译.北京：中国政法大

学出版社，2003.

[15] ［美］莫里斯·E. 斯图克，艾伦·P. 格鲁内斯. 大数据与竞争政策［M］. 兰磊，译. 北京：法律出版社，2019.

[16] 韩伟. 迈向智能时代的反垄断法演化［M］. 北京：法律出版社，2019.

[17] ［美］约瑟夫·熊彼特. 经济发展理论［M］. 郭武军，吕阳，译. 北京：华夏出版社，2015.

[18] 孙宝文，李涛. 中国互联网经济发展报告（2019）［R］. 北京：社会科学文献出版社，2019.

[19] 王振. 全球数字经济竞争力发展报告（2017）［R］. 北京：社会科学文献出版社，2017.

[20] ［英］阿里尔·扎拉奇，［美］莫里斯·E. 斯图克. 算法的陷阱——超级平台、算法垄断与场景欺骗［M］. 余潇，译. 北京：中信出版集团，2018.

[21] 李宏，孙道军. 平台经济新战略［M］. 北京：中国经济出版社，2018.

[22] 仲春. 创新与反垄断——互联网企业滥用行为之法律规制研究［M］. 北京：法律出版社，2016.

[23] THE EUROPEAN CONSUMER ORGANIZATION：Shaping Competition Policy in The Era of Digitalisation Response to Public Consultation. 2018.

[24] AUSTRALIA COMPETITION & CONSUMER CONMISSION：Digital Platforms Inquiry—Final Report. 2019.

[25] 胡甲庆. 反垄断法的经济逻辑［M］. 厦门：厦门大学出版社. 2007.

二、论文类

[1] 黄勇，刘燕南. 关于我国反垄断法转售价格维持协议的法律适用问题研究［J］. 社会科学，2013（10）.

[2] 丁茂中. 现行《反垄断法》框架下维持转售价格的违法认定困境与出路［J］. 当代法学，2015，29（05）.

[3] 洪莹莹. 反垄断法宽恕制度的中国实践及理论反思［J］. 政治与法律，2015（05）.

[4] 焦海涛. 平台经营者统一销售策略行为的反垄断法适用［J］. 法学，2015（07）.

［5］徐士英.竞争政策视野下行政性垄断行为规制路径新探［J］.华东政法大学学报，2015，18（04）.

［6］刘继峰."中心辐射型"卡特尔认定中的问题［J］.价格理论与实践，2016（06）.

［7］兰磊.转售价格维持违法推定之批判［J］.清华法学，2016，10（02）.

［8］吴韬，何晴.美国"苹果电子书价格垄断案"争点释疑［J］.法学，2017（02）.

［9］邓志松，戴健民.数字经济的垄断与竞争：兼评欧盟谷歌反垄断案［J］.竞争政策研究，2017（05）.

［10］Mark Anderson，Max Huffman，时建中，王佳倡.共享经济遇上反垄断法：Uber 是公司，还是卡特尔，或是介于两者之间？［J］.竞争政策研究，2018（03）.

［11］陈兵.大数据的竞争法属性及规制意义［J］.法学，2018（08）.

［12］宁立志，王宇.叫停网络音乐市场版权独家交易的竞争法思考［J］.法学，2018（08）.

［13］曾雄.互联网电商平台的反垄断问题分析　基于欧盟对亚马逊 MFN 条款的处理［J］.互联网天地，2018（12）.

［14］孙晋，宋迎.数字经济背景下最惠国待遇条款的反垄断合理分析［J］.电子知识产权，2018（12）.

［15］兰磊.论横向垄断协议与纵向垄断协议的区分——评上海日进电气诉松下电器等垄断纠纷案［J］.上海交通大学学报（哲学社会科学版），2018，26（02）.

［16］张晨颖.垄断协议二分法检讨与禁止规则再造——从轴辐协议谈起［J］.法商研究，2018，35（02）.

［17］王磊.法律未列举的竞争行为的正当性如何评定———一种利益衡量的新进路［J］.法学论坛，2018，33（05）.

［18］孙晋，徐则林.平台经济中最惠待遇条款的反垄断法规制［J］.当代法学，2019，33（05）.

［19］焦海涛.纵向非价格垄断协议的反垄断法规制：困境与出路［J］.现代法学，2019，41（04）.

［20］方小敏.经营者集中申报标准研究［J］.法商研究，2008（03）.

［21］蒋璐璇.互联网双边市场经营者集中申报标准之困境［J］.东南大学学报（哲

学社会科学版），2017，19（S1）.

[22] 林森相，卢晴川.以效率价值主导的经营者集中申报标准重构——以滴滴出行与 Uber 中国合并为切入点 [J].东南大学学报（哲学社会科学版），2017，19（S2）.

[23] 韩伟.数字经济时代中国《反垄断法》的修订与完善 [J].竞争政策研究，2018（04）.

[24] 李青，韩伟.反垄断执法中相关市场界定的若干基础性问题 [J].价格理论与实践，2013（07）.

[25] 王先林.论反垄断法实施中的相关市场界定 [J].法律科学（西北政法学院学报），2008（01）.

[26] 马君慧.相关市场界定在竞争分析中的意义研究 [J].中国价格监管与反垄断，2018（10）.

[27] 王晓晔.市场界定在反垄断并购审查中的地位和作用 [J].中外法学，2018，30（05）.

[28] 孙晋，钟瑛嫦.互联网平台型产业相关产品市场界定新解 [J].现代法学，2015，37（06）.

[29] 孙晋.谦抑理念下互联网服务行业经营者集中救济调适 [J].中国法学，2018（06）.

[30] LOUIS KAPLOW. WHY（EVER）DEFINE MARKETS? [J]，124 Harv. L. Rev. 437，438（2010）.

[31] 周万里.数字市场反垄断法——经济学和比较法的视角 [J].中德法学论坛，2018（01）.

[32] 张江莉.互联网平台竞争与反垄断规制 以 3Q 反垄断诉讼为视角 [J].中外法学，2015，27（01）.

[33] 李震，王新新.互联网商务平台生态系统构建对顾客选择模式影响研究 [J].上海财经大学学报，2016，18（04）.

[34] 时建中.互联网市场垄断已见端倪亟须规制 [N].经济参考报，2016-08-17（006）.

[35] 吴汉洪，孟剑.双边市场理论与应用述评 [J].中国人民大学学报，2014，28（02）.

[36] 詹馥静，王先林.反垄断视角的大数据问题初探 [J].价格理论与实践，2018（09）.

［37］曾雄．数据垄断相关问题的反垄断法分析思路［J］．竞争政策研究，2017（06）．

［38］杨文明．市场份额标准的理论反思与方法适用——以互联网企业市场支配地位认定为视角［J］．西北大学学报（哲学社会科学版），2014，44（03）．

［39］于馨淼．搜索引擎与滥用市场支配地位［J］．中国法学，2012（03）．

［40］李剑．双边市场下的反垄断法相关市场界定——"百度案"中的法与经济学［J］．法商研究，2010，27（05）．

［41］胡丽．互联网企业市场支配地位认定的理论反思与制度重构［J］．现代法学，2013，35（02）．

［42］杨文明．论互联网企业市场支配地位认定的非结构因素［J］．河北法学，2014，32（12）．

［43］叶明．互联网企业独家交易行为的反垄断法分析［J］．现代法学，2014，36（04）．

［44］李剑．合理原则下的单一产品问题——基于中国反垄断法搭售案件的思考［J］．法学家，2015（01）．

［45］吴太轩．互联网企业搭售行为的违法性认定研究——以反垄断法为视角［J］．经济法论坛，2014，12（01）．

［46］张永忠．反垄断法中的消费者福利标准：理论确证与法律适用［J］．政法论坛，2013，31（03）．

［47］仲春．搜索引擎排序权的滥用与规制研究［J］．竞争政策研究，2016（01）．

［48］NILS PETER SCHEPP & ACHIM WAMBACH. , On Big Data and Its Relevance for Market Power Assessment［J］.Journal of European Competition Law & Practice, 2015（12）.

［49］ROCHET J&TIROLE J, Cooperation among Competitors: some economics of Payment Card association［J］.Rand Journal of Economics, 2002（3）.

［50］DANIEL L. RUBINFELD, Access Barriers to Big Data［J］.Arizona Law Review, 2017（59）.

［51］GEOFFREY A. MANNE &R. BEN SPERRY, The Problems and Perils of Bootstrapping Privacy and Data into an Antitrust Framework［J］.CPI Antitrust Chronicle, 2015（5）.

［52］BAUMOL, Quasi-permanence of Price Reduction: A Policy for Prevention of Predatory Pricing［J］.Yale Law Journal, 1979（89）.

[53] Bundeskartellamt. Digital Economy [EB/OL]．[2020-02-18].

[54] JOHN C PANZAR & ROBERT D. WILLING, Economies of Scale in Multi-Output Production [J]．The Quarterly Journal of Economics, 1977, 481：493.

[55] EVAN & SCHMALENSEE, The Industrial Organization of Markets with Two-sided Platforms [J]．Competition Policy International, 2007, 166.

[56] ROCHET J & TIROLE J, Platform Competition in Two-sided Markets [J]．Journal of European Economic Association, 2003, 990-1029.

[57] DAVID S. EVANS, Some empirical aspects of multi-sided Platform industries [J]．Review of Network Economics, 2003, 191-209.

三、报告类

[1] Big Data and Competition [R]．Ministry of Economic Affairs (Netherlands), 2017.

[2] Competition Law and Data [R]．French Competition Authority and German Federal Cartel Office, 2016.

[3] Digital Platforms Inquiry [R]．Australian Competition and Consumer Commission, 2019.

[4] Internet Platforms and Non-Discrimination [R]．Centre on Regulation in Europe, 2017.

[5] Big Data and Competition Policy：Market power, personalised pricing and Advertising [R]．Centre on Regulation in Europe, 2017.

[6] Competition Policy for the Digital Era [R]．European Commission, 2019.

[7] OECD. Application of Competition Policy to High Tech Markets [R/OL]．Paris：Organisation for Economic Co-Operation and Development, 1997.

[8] Competition Policy Research Center. Report of Study Group on Data and Competition Policy [R], Tokyo：Japan Fair Trade Commission, 2017.

[9] The BRICS Competition Law and Policy Center. Digital Era Competition：A BRICS View [R], Moscow：HSE-Skolkovo Institute for Law and Development, 2019.

[10] Australian Competition and Consumer Commission. Digital Platforms Inquiry [R], Canberra：Australian Competition and Consumer Commission, 2019.

[11] BEUC. Shaping Competition Policy in the Era of Digitalisation：Response to public consultation [R]．2018.